Desforges et Cie

CONTES HISTORIQUES

POUR LA

JEUNESSE

PAR

Mme EUGÉNIE FOA,

Honorée

de la souscription de S. M. la Reine
des Français
et de S. A. R. Mme la Duchesse
d'Orléans.

PARIS
et
Leipzig.

CONTES HISTORIQUES

POUR

LA JEUNESSE

Paris. — Typographie LACRAMPE et Comp., rue Damiette, 2.

CONTES HISTORIQUES

POUR

LA JEUNESSE

PAR

Mᵐᵉ EUGÉNIE FOA

Yᵉ

Paris

DESFORGES, ÉDITEUR
25, RUE DES GRANDS-AUGUSTINS
1843

36394

TABLE DES MATIÈRES.

JEAN-JACQUES ROUSSEAU

(Mort à Ermenonville, le 3 juillet 1778.)

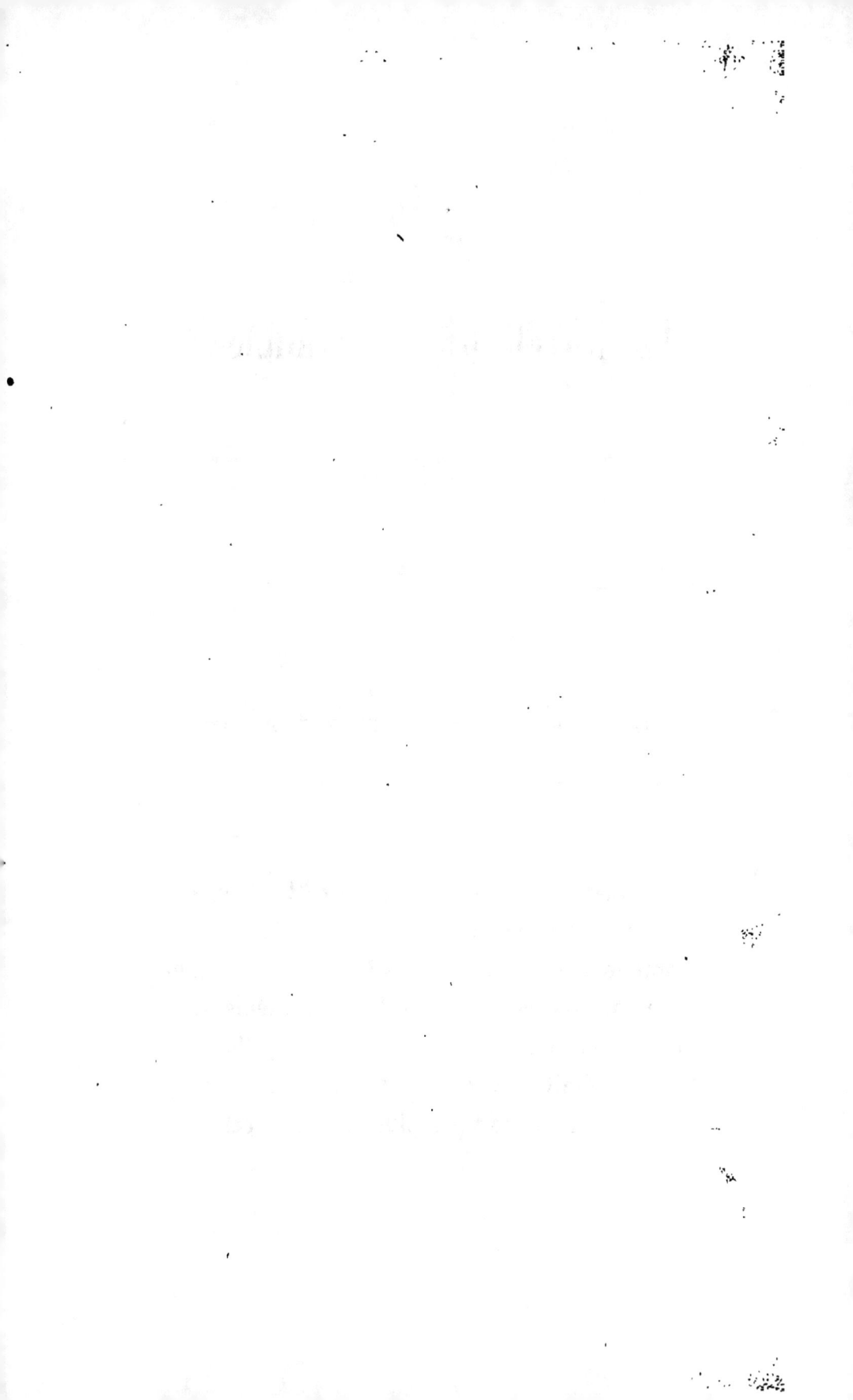

LE NOYER DE LA TERRASSE.

I.

MYSTÈRE QUI PRÉSAGE UN ÉVÉNEMENT.

—

Un matin du mois de juin 1722, deux enfants se promenaient dans la cour d'une charmante maison de campagne à Bossey, à quelques
lieues de Genève, tous les deux du même âge,
tous les deux maigres, le visage pâle, l'un cependant était beaucoup plus grand que l'autre,
mais n'en paraissait pas plus âgé pour cela.

1

enfance, mon cousin, cela t'a tourné l'esprit...— Que veux-tu, Bernard, dit Rousseau avec sentiment, il fallait bien nous distraire, mon père et moi, de la perte de ma pauvre mère...que je n'ai jamais connue, puisqu'elle est morte peu de jours après ma naissance; mais il paraît que mon père l'aimait bien, car il l'a bien pleurée....Je me le rappelle....Lorsqu'il me disait — Jean-Jacques, parlons de ta mère, je lui répondais aussitôt, et c'était vrai : — nous allons donc pleurer; mon père, je n'avais pas achevé, qu'il pleurait déjà.

—J'ai entendu raconter à mon père, dit Bernard, que ton père Isaac Rousseau aimait, dès son enfance, Suzanne, la sœur de mon père, puis mon père vint à aimer aussi la sœur de ton père, et les deux mariages se firent le même jour.—Et nous sommes nés, juste un an après ces deux mariages; c'est pour cela que nous nous aimons tant, dit Rousseau, serrant la main de son cousin....---Nous nous aimons parce que nous sommes cousins, presque frères, répliqua Bernard, et puis je t'aime encore parce que lorsque je ne sais pas ma leçon, tu me la souffles, et que lorsque tu as fini tes thêmes, tu fais les miens.—Et moi je t'aime, parce que j'ai besoin d'aimer,—reprit Rousseau, parce que ma pauvre mère est morte, mon père est absent, et que ne les ayant pas à aimer, il faut que j'aime ailleurs...veux-tu que je te dise une opinion que je me fais là-dessus?...cousin!....je crois que nous avons dans le cœur une source d'amitié.. Ta, ta, ta, encore des romans interrompit Bernard en riant.

—Oh! je n'ai pas lu que des romans, répliqua vivement Jean-Jacques.....et du reste, je n'en ai lu que pour m'exercer à la lecture; mais je ne les comprenais pas, et cela m'ennuyait....aussitôt que j'ai pu choisir des livres moi-même dans la bibliothèque de mon père, je me suis jeté avec avidité sur l'histoire de l'Eglise et de l'Empire par le Sueur...sur les hommes illustres de Plutarque, l'histoire de Venise par Nani, sur la Bruyère.....Oh! Plutarque surtout, comme je le dévorais.... Je savais par cœur Agésilas, Brutus, Aristide.....J'aurais voulu être Scevola, laissant brûler sa main sur un réchaud allumé.....

—Oh! mon Dieu! que veut Ambroise, avec sa figure longue d'une aune, dit soudain Bernard, montrant à son cousin le vieux domestique de Monsieur Lambercier, s'avançant mystérieusement vers les enfants, en leur faisant signe de se taire, et jettant de côtés et d'autres des regards effrayants?

II.

OU CELA SE COMPLIQUE.

—Vous êtes seuls! demanda Ambroise d'une voix étranglée.—Oui, répondirent les deux cousins.—Monsieur? demanda le valet. — Sorti avant le jour, et pas encore rentré, dit Rousseau.—Le malheureux! ajouta le valet....

et Mademoiselle? — Elle peigne ses longs cheveux, répondit Rousseau, et les relève en nattes
sur le sommet de sa tête, comme dit je ne sais
quelle vieille romance de ma tante Goucerus.
— L'infortunée! dit Ambroise d'un ton lugubre;
et Fanchette?.. Comme peau d'âne, elle pé-
trit de ses mains peu blanches, et de ses
doigts sans bagues ni diamants, la pâte du
gâteau que nous devons manger à dîner.....
fit encore Rousseau. — L'insensée! dit le domestique! — Le malheureux! l'infortunée, l'insensée, répéta Bernard imitant l'accent d'Ambroise, — veux-tu nous dire ce que ces
exclamations peu consolantes signifient? — Qu'il
se passe ici des choses affreuses! Monsieur
Jean-Jacques et Monsieur Bernard, répondit le
valet en baissant encore la voix. — Heim!
quand je te disais!...dit Rousseau à son cousin. — Le valet continua sur le même ton, et
sans faire attention à l'interruption de Rousseau : — Des choses qui font dresser les cheveux
sur la tête, Monsieur Bernard et Monsieur
Rousseau, des choses, que certes...Ce n'était
pas dans une maison comme celle-ci que je

devais m'attendre à les y rencontrer.....une
maison où l'on instruit la jeunesse, quels
exemples, juste bon Dieu, quels exemples!—
Voyons! t'expliqueras-tu ?..dit Rousseau, impatienté.— Parle sans périphrases ! répliqua
Bernard.

—Vous avez raison, Monsieur Bernard ...
Je vous le dis donc: Monsieur Lambercier périra
sur un échafaud.

Les deux enfants allaient éclater de rire,
lorsque par un geste plein d'horreur, retenant
l'élan de leur gaîté, le valet reprit:—Ecoutez,
pauvres élèves...hier au soir après avoir fait
mon service, je me disposais à aller humer
l'air—comme dit ce charlatan Italien, le Signor
Gamba-Corta, qui fait jouer les marionnettes
sur la place publique à Genève.—Je disais
donc, à aller humer l'air, lorsque passant au
bas de cette terrasse, j'entendis parler......la
nuit était noire, pas possible de voir qui causait, mais aux voix, je devinai Monsieur et
Mademoiselle, c'étaient eux...j'écoutais....—
C'est mal d'écouter aux portes, Ambroise,
fit observer Rousseau.— J'aurai d'abord l'hon-

neur de faire remarquer à Monsieur Rousseau,
dit le valet, que là où il n'y a pas de porte,
cela ne peut pas s'appeler écouter aux portes.

Laisse-le donc parler Jean-Jacques, dit Bernard à son cousin ;

— Monsieur disait à Mademoiselle, reprit
le valet:—Je sais où trouver un noyé...—Un
beau noyé? demanda Mademoiselle.—Heim,
Messieurs, qui aurait jamais dit ça de cette
petite voix douce comme du miel, de ces petits regards si mignards qu'on dirait ceux d'une
sainte nitouche qui n'aurait jamais le cœur de
mordre même, dans une pomme. — Un beau
noyé.....répondit Monsieur — ah! il faut qu'il
soit beau ! disait Mademoiselle. — Il y a huit
jours que tous les jours, je me donne le plaisir
d'aller le voir grossir, reprit Monsieur...

Monsieur Lambercier dire des horreurs
comme celles-là....... à qui se fier? Monsieur! Monsieur qu'on prendrait pour un
saint, qui, depuis huit jours, va voir tous les
jours, grossir un pauvre noyé, au lieu de lui
porter secours...car...qui sait, la première fois
que Monsieur a rencontré ce noyé, il n'était peut-

1·

être pas encore mort tout-à-fait...—Ah! ça,
qu'est-ce que Monsieur, et Mademoiselle surtout, veulent faire d'un noyé? dit Bernard réfléchissant...

—Mademoiselle, je ne sais pas, reprit
Rousseau; quant à monsieur, il veut peut-
être le disséquer...—Le disséquer! —qu'est-ce
que c'est que ça? demande Ambroise.

— Pour étudier le corps humain, dit
Rousseau, les élèves en chirurgie ont des
morts qu'ils coupent en morceaux toute la
journée, cela s'appelle disséquer. — Pourvu
qu'il ne prenne pas envie à Monsieur Lambercier de nous donner des leçons de dissection,
fit Bernard. — J'avoue que je ne supporterais
pas la vue d'un mort, dit Rousseau; à
plus forte raison s'il fallait le dépécer, comme
un poulet......— Est-ce que vous supposez,
Messieurs, que Monsieur a de ces idées-là?
demanda Ambroise.— Je ne vois pas autrement ce qu'il pourrait faire d'un mort, reprit
Rousseau.—Chut, dit vivement Ambroise,
voici Monsieur, tenez, pas de ce côté, de
celui-ci.....voyez-vous ce qu'il porte sur ses

épaules ?—Un paquet tout long , enveloppé dans un grand linge blanc, dit Rousseau.

—C'est le noyé, dit. Bernard se couvrant les yeux de ses deux mains.

—Oh! le pauvre cher homme , comme il est changé!...s'écria Ambroise.

—On ne le voit pas, on ne voit que le linge blanc, dit Rousseau regardant avec une attention soutenue.—Je dis qu'il est changé, reprit Ambroise, parce qu'il est impossible que de son vivant, il ait été aussi long et aussi maigre.

—Chut, il approche , dit Rousseau.—Je me sauve, s'écria Ambroise, s'élançant en courant vers l'intérieur de la maison.

Quant aux deux enfants, on les aurait dit changés en statue, immobiles à leur place, l'un se bouchant les yeux , l'autre regardant; ils ne bougeaient pas plus que s'ils avaient été de bois ou de pierre.

Sur ces entrefaites, Monsieur Lambercier , qui effectivement portait sur ses épaules un très-long paquet enveloppé d'un linge blanc à travers lequel par-ci, par-là, on apercevait quelques brins de paille qui passaient ; Monsieur Lambercier, dis-je, avançait toujours. Ayant atteint la porte de chez lui, il la traversa sans faire attention aux deux enfants, et se dirigea, pliant sous le poids de son fardeau, vers une petite terrasse à gauche de la maison, à laquelle on arrivait par un petit escalier en terre, taillé dans le talus même que formait la terrasse en s'élevant au-dessus du sol de la cour.

—Eh bien, dit Rousseau à l'oreille de son cousin, quand je te disais qu'il allait se passer quelque chose d'extraordinaire dans la maison, et que tu ne voulais pas me croire ! —Voit-on le mort? fut toute la réponse de Bernard.—Non, tu peux découvrir tes yeux, dit Rousseau, écartant lui-même les mains de son cousin. —Monsieur, nous voit-il ? demanda encore Bernard.—Monsieur ne s'occupe pas plus de nous que si nous étions, moi avec ma tante Goucerus, et toi chez ta mère, Madame Bernard : il pose son paquet à terre........ il examine la terrasse, il tire des lignes...ah ! le voilà qui prend une pioche, et qui se met en devoir de creuser la terre.

—Il va peut-être établir quelques fortifi-cations par ici, dit Bernard hasardant un œil.

—Parce que ton père est employé aux fortifications de Genève, tu vois des fortifi-cations partout, dit Rousseau. M. Lambercier creuse la terre pour enterrer son mort, c'est facile à deviner....Rousseau ayant élevé la voix en achevant de parler, Monsieur Lam-bercier l'aperçut.

—Rousseau, Bernard, approchez, enfants! leur cria-t-il, j'ai besoin de vous.

N'osant désobéir à cette voix qui les diri-geait depuis deux ans, les deux cousins se mirent en marche vers la terrasse, mais si lentement, qu'il était facile de deviner qu'ils n'y allaient qu'à contre cœur. Dans ce moment, Mademoiselle Lambercier ayant aperçu son frère par la croisée où elle travaillait, lui cria de sa place : — Et le noyé? mon frère! —Il est là, répondit le frère, viens, et dis à Ambroise de m'apporter beaucoup d'eau; les noyés ont soif.

A cette plaisanterie qui parut atroce aux deux enfants, ils se regardèrent en frissonnant d'horreur, mais ne s'approchèrent pas moins de leur maître de pension, à côté de qui gîsait sur la terre, près de lui, un corps long et raide, soigneusement enveloppé.

III.

CE QUE C'ÉTAIT QUE CE NOYÉ.

—

—Eh bien, penses-tu que ça réussisse, dit Mademoiselle Lambercier paraissant sur la terrasse, tenant d'une main son tablier relevé ; — un doux parfum qui l'accompagnait, révélait le contenu de ce tablier légèrement gonflé. Ce n'est pas une chose si extraordinaire et si rare pour que tu en doutes, ma sœur, lui répondit

Monsieur Lambercier continuant à creuser la terre.—Dame! mon frère, un noyé.... Un noyé! comme un autre, ma sœur.

Les deux enfants se jetèrent un coup d'œil d'effroi ; ils étaient pâles comme un mort pourrait l'être.

Monsieur Lambercier reprit, en sondant le trou qu'il avait fait,—penses-tu que ce soit assez profond ?—Je n'ai jamais assisté à pareille fête, répondit la jeune fille en riant. Oh! une vraie fête dit le maître de pension. —Les bouquets sont-ils prêts ? —Les voici, dit Mademoiselle Lambercier ouvrant son tablier, voici le tien, il est le plus gros; le mien est tout blanc, celui des enfants n'est pas sans mérite non plus.—Attache le mien à ma boutonnière, dit Monsieur Lambercier à sa sœur; donnes-en un à chacun des petits, et mets le tien coquettement à ta ceinture .....—des bouquets pour enterrer un noyé! se demandèrent du regard seulement, les deux élèves, attachant, eux aussi, leur bouquet à la boutonnière de leur veste.

—Bien, dit le maître de pension, mainte-

nant je vais dépouiller mon noyé de son
enveloppe, et le planter debout dans ce trou.
Jean-Jacques, Bernard, vous allez m'aider,
vous le tiendrez par le milieu du corps, pendant que je recouvrirai son pied de terre.

—Le tenir, dirent les enfants en se recu-
lant pleins d'horreur!—Eh bien, quoi? dit
Monsieur Lambercier stupéfait—qu'est-ce donc
qui vous fait peur?—Ce n'est pas de la peur,
Monsieur, c'est de l'horreur, dit Rousseau.—De
l'horreur! répétèrent en riant, Monsieur et
Mademoiselle Lambercier.—Il n'y a pas de
quoi.—Peut-être dit Rousseau, d'un air indigné.—De l'horreur pour planter un noyé,
dit le maître.—Dites *enterrer*, Monsieur, répliqua le jeune enfant.

Les rires du frère et de la sœur redoublèrent.—Enterrer, répétèrent-ils en éclatant.
— Pensez-vous, Monsieur, que nous
ignorons, mon cousin et moi, ce que
renferme ce paquet, dit Bernard.—Je n'en
fais pas un mystère, dit Monsieur Lambercier,
c'est un noyé, un beau noyé, que je vais
dans un moment étaler au grand jour.

—Monsieur Lambercier, dit Bernard dans la plus grande émotion, les larmes aux yeux, les mains jointes et les genoux qui se pliaient en deux...faites-nous voir tout ce que vous voudrez, et Mademoiselle aussi, mais que ce ne soit pas un noyé, je vous en supplie!

—Ces enfants sont fous! dit Mademoiselle Lambercier regardant son frère.— Ce n'est pas pour moi, que je parle, dit Rousseau, mais pour mon cousin; il est faible, et vous le savez, Monsieur Lambercier, sa santé a toujours été languissante...le souvenir de ce noyé que vous voulez lui montrer, le poursuivra jusque dans ses rêves de la nuit.. lui, qui ne peut pas voir un chien mort sans trembler, comment voulez-vous qu'il supporte la vue d'un homme noyé.

A ce dernier mot, Monsieur Lambercier et sa sœur qui avaient écouté avec une grande attention et même assez sérieusement le discours de Rousseau, ne purent se contenir davantage, et leurs rires redoublèrent à leur en faire venir les larmes aux yeux.—Monsieur

Lambercier se calma le premier.—Ce n'est pas par des paroles que je vous désabuserai, leur dit-il, mais par la vue de l'objet même qui cause votre effroi;—ma sœur as-tu des ciseaux?—Mademoiselle Lambercier détachant ceux qu'elle portait au côté, Monsieur Lambercier les prit, coupa les cordons qui entouraient l'enveloppe de toile, ouvrit cette première enveloppe, enleva la paille qui en formait une seconde, et montra aux deux enfants ébahis, un jeune arbre, avec ses racines, encore pleines de terre, et son feuillage d'un vert tendre et gai.—Voici le noyer, dit-il, en le relevant et le tenant debout.—Un arbre! firent les deux élèves honteux de leur frayeur passée.—Qui donc, ou quoi donc, vous avait fait supposer autre chose? demanda Mademoiselle Lambercier.

—Ambroise! dit Bernard, il n'avait entendu que le mot de *noyé*, et depuis une heure il nous en contait de belles, allez; pour ma part, j'ai eu joliment peur.—Allez le chercher et amenez-le de gré ou de force, lui et deux sceaux pleins d'eau, dit Monsieur Lam-

bercier, ah! ah!..... en passant, dites à
Fanchette d'apporter le déjeûner sur la terrasse, allez et revenez vîte, la cérémonie ne
commencera que lorsque vous serez de retour.

IV.

LA PLANTATION DU NOYER.

—

Les enfants ne tardèrent pas à reparaître;
ils étaient suivis d'Ambroise et de Fanchette,
l'un portant deux sceaux pleins d'eau, et l'autre,
un plateau chargé de pâtisserie toute chaude,
dont l'œil était aussi flatté que l'odorat.—
Quand tout le monde se trouva réuni sur la
terrasse: Monsieur Lambercier prit la parole.
—Mes bons amis, dit le maître de pension,
avec toute l'emphase d'un orateur qui veut
impressionner son auditoire.—Ma sœur a un
goût tout particulier pour cette petite terrasse

du haut de laquelle on domine tout Bossey; malheureusement, le soleil dont les droits attestés par des siècles a le même goût que ma sœur, en prend ordinairement possession, l'été surtout, avec une ardeur....à laquelle on ne peut résister, même aidé d'un parasol, instrument inventé pour se garantir de ses rayons trop ardents....

Ne pouvant déposséder le soleil de ses droits, et désirant cependant y établir ceux de ma sœur; j'ai, après mûres délibérations, imaginé de planter un noyer dont le feuillage, en grandissant, formera une ombre favorable qui mettra les habitants de ce petit domaine à l'abri des trop grandes chaleurs, et dont le fruit savoureux, mangé avant sa maturité, sous le nom de cerneaux, et plus tard sous le nom de noix, sera pour les mêmes habitants de ce domaine un régal agréable, soit qu'on le serve à la fin du dîner, au service nommé dessert, soit qu'il fasse à lui seul, la composition du repas tel que le déjeûner, le goûter ou le souper. Jadis, mes jeunes élèves, et cela se pratique encore dans beaucoup de pays ; à la naissance de chaque enfant, il était d'usage de planter un arbre ; cet arbre grandissait avec l'enfant ; il vieillissait avec l'homme ; jeune, c'était pour lui un but de plaisir, d'amusement ; vieux, c'était un lieu de repos....l'arbre, mes élèves, est un des mille secrets de la nature. Dire qu'en mettant dans la terre une petite graine pas si grosse que la prunelle de votre œil, cette graine qui n'est qu'un atome en comparaison de votre corps, germe, pousse, soulève la terre, en sort, monte et grossit. Elle prend une forme solide, à laquelle il pousse des branches qui se couvrent de feuillage, de fleurs et de fruits, et dont les feuillages s'étendent jusqu'à ce qu'enfin, votre corps ne soit plus lui-même qu'un atome en comparaison de cette graine devenue arbre. Ainsi, ce rejeton que nous allons planter aujourd'hui, et qui a été coupé sur un arbre venu d'une graine,—ce rejeton qui n'est pas si gros que votre bras d'enfant, et que vous pourriez tenir aisément dans votre petite main, vous le verrez avant peu, devenir plus gros que vous, et s'élever bien au-dessus de votre tête.

Ayant achevé de parler, Monsieur Lambercier releva le jeune noyer; il le plaça debout dans le trou, et appelant Jean-Jacques et Bernard, il reprit, sans quitter l'accent d'emphase qu'il voyait avec plaisir causer une certaine émotion aux enfants :—Veuillez, mes chers élèves, servir de parrains à ce rejeton d'un noyer que je suis moi-même allé couper chez Monsieur Béraud à une petite lieue de Bossey, sur la route de Genève, et lui donner un nom....ma sœur est la marraine. —Alors, que Mademoiselle ait la bonté de donner elle-même le nom, dit Rousseau avec un petit air de galanterie qui siéyait à la douceur et à la gentillesse de ses traits.—Je le nomme Jean-Jacques, dit Mademoiselle Lambercier, souriant avec bienveillance à l'enfant.—Jean-Jacques, soit, dit Monsieur Lambercier, et maintenant, enfants! tenez tous les deux avec vos deux mains le Jean-Jacques, très-droit, pendant que je vais combler la fosse que j'ai creusée...bien...allons de la musique pour

donner plus de solennité à cette belle œuvre...
Ma sœur, chante-nous quelque chose d'ana-
logue à la fête, une cantate, par exemple, que
nous répéterons en chœur.

Mademoiselle Lambercier, après avoir cherché
un moment dans sa mémoire, entonna d'une
voix douce et pure, un chant de triomphe
très en vogue à Genève dans ce temps-là ; les
enfants le chantèrent avec elle, pendant que
Monsieur Lambercier jetait en mesure des
pellerées de terre sur le pied de l'arbre, et
qu'Ambroise arrosait en même temps.—La
plantation achevée, le trou comblé, Monsieur
Lambercier creusa tout autour du pied, une
espèce de bassin destiné à contenir assez d'eau
pour conserver le pied de l'arbre toujours humide
et frais. Puis il distribua quelques gâteaux à ses
élèves, en leur annonçant qu'il leur donnerait
congé pour le reste de la journée, et il se
retira en emmenant sa sœur.

V.

UNE GRANDE IDÉE.

—

Cette cérémonie, à laquelle Monsieur Lambercier avait attaché un caractère solennel, ces chants dont la mesure était large et grave, ce petit discours prononcé avec emphase et qui avait précédé la plantation du noyer, ces fleurs, ces gâteaux, tout cela fut accompli de part et d'autre avec un grand sérieux ; une grande componction avait agi sur le moral impressionnable de ces deux enfants, à un tel point, que seuls, tous les deux, depuis un moment, ils n'avaient encore osé troubler de leurs voix rieuses, le silence causé par le départ du maître. Jean-Jacques commença le premier :

— Que c'est béau ! que c'est beau ! mon cousin,

dit-il avec tout le paroxisme de l'admiration.
—Oui, dit Bernard, vivement ému.

—On parle de planter un drapeau sur une
muraille , reprit Rousseau; mais planter un
arbre, c'est mille fois plus glorieux.—Et moins
dangereux! fit observer malicieusement Bernard.

—Que Monsieur Lambercier est heureux!
dit Rousseau regardant d'un air attendri, le
jeune noyer tout verdoyant, dont le vent agitait avec mollesse le branchage flexible et
ondoyant.

– C'est un bonheur que nous pourrions
nous procurer, dit Bernard.—Tu crois, mon
cousin? mais oui, cela me paraît facile. Oh!
la bonne idée! il faut que je t'embrasse Bernard pour l'avoir eue le premier, dit Rousseau
avec une volubilité pleine de chaleur.—Oui,
il faut planter un arbre, nous deux, tous les
deux seuls, ne rien dire, ni à Monsieur Lambercier, ni à Mademoiselle, ni à Ambroise,
ni à Fanchette. — Certainement , répliqua
Bernard, s'animant à l'exaltation de son cousin, certainement, car, je les connais, les

2

uns et les autres; si nous leur demandons
conseil, si nous prions seulement Ambroise
ou Fanchette de nous aider à l'arroser, ils
ne manqueront pas de dire que c'est eux qui
ont tout fait.—Sans nul doute, dit Rousseau :
—à l'ouvrage.

Et les voilà tous les deux, parcourant le
domaine de leur maître, cherchant quel arbre
ils pourraient planter et mettre en parallèle
du noyer; choisissant celui-ci, puis le dédai-
gnant pour en prendre un autre. Enfin le feuillage élégant et mobile d'un saule les séduisit!

—Je crois qu'un beau saule pleureur ne
ferait pas mal, même à côté d'un grand noyer,
dit Rousseau , si l'un est plus fort, plus
grand, plus majestueux, l'autre est plus gracieux; le noyer, c'est l'homme hardi, audacieux,
inébranlable ; le saule, c'est la femme timide,
tremblante ; même je trouve que ce feuillage
qui se recourbe et qui vient caresser le gazon,
ressemble assez à la longue et soyeuse chevelure d'une femme.—Allons.....! encore du
roman ; dit Bernard avec impatience.

— C'est de la poésie, je l'avoue, mais non

du roman, répliqua Rousseau un peu piqué de l'observation ; — mais n'allons-nous pas nous disputer au lieu d'agir? nous avons la journée à nous, profitons-en ; le saule va-t-il ?
—Oui, dit Bernard.

—Eh bien, à l'ouvrage, reprit Jean-Jacques....cela s'appelle une *bouture* ajouta-t-il, en coupant avec son petit couteau de poche, une branche à un beau saule pleureur qui couvrait de son feuillage délicat un berceau du jardin. Puis, suivi de son cousin, il retourna à la terrasse, et planta sa bouture à dix pieds du noyer. Les deux élèves n'omirent rien, ni le discours, qui malheureusement n'est pas parvenu jusqu'à nous, ni les chants de triomphe, ni le bassin autour du pied, afin de faire un réservoir qui tint frais le nouvel arbuste ; ils pensèrent même à lui donner un nom. — Celui de Suzanne, de ma mère, dit Jean-Jacques ; et comme Bernard allait prendre la parole, sans doute pour revendiquer le droit de donner le nom de sa mère à lui, Rousseau reprit vivement, tu as la tienne, toi, tu n'as pas besoin de consolations ; et Bernard n'ayant rien à répliquer ; le nom de Suzanne prévalut.

Ce soir là, les deux élèves de Monsieur Lambercier se couchèrent plus fiers de leur bouture de saule plantée, que s'ils avaient remporté tous les prix dans un des premiers colléges de France.

VI.

ON NE PEUT PENSER A TOUT.

La bouture que les enfants avaient plantée était si petite, que ni Monsieur ni Mademoiselle Lambercier ne l'aperçurent ; mais ce qui ne put échapper à leurs regards vigilants, c'était l'espèce de délire où étaient plongés Jean-Jacques et Bernard, Jean-Jacques surtout.

Les pauvres enfants avaient choisi l'arbre qui demande le plus d'eau, et l'eau manquait précisément dans le domaine de leur maître de pension; il fallait l'aller chercher fort loin, à une source qui coulait dans la campagne; et comme il n'était pas permis aux enfants de sortir seuls, on ne saurait dire toutes les ruses que l'un et l'autre s'imaginèrent pour s'en procurer. Ils allaient jusqu'à se priver de boire, jusqu'à mettre en réserve une partie de l'eau qu'on leur donnait pour se laver les mains; toutes leurs idées se portaient sur les moyens de s'en procurer; si bien, que tout le reste en souffrait, travail, étude, jusqu'aux promenades même. — Pendant quelques jours, toutes leurs machinations pour se procurer de l'eau avaient si bien réussi, que déjà, à leur grande joie, la bouture avait bourgeonné, et il lui était poussé des petites feuilles dont la vue augmentait le délire de ces jeunes enfants. Mais hélas! cette préoccupation perpétuelle ayant excité quelques pénitences, le jeune saule s'en ressentit : son corps si droit se pencha vers la terre qui se durcissait autour de lui; ses petites feuilles se fermèrent, se racourcirent, jaunirent, tombèrent; le saule était menacé de mort.—Et puis, comme pour opposer un contraste à cette jeune plante désolée et penchée vers sa mère qui refusait de la désaltérer, le noyer s'élevait superbe, arrogant; il semblait fier de son pied baigné tous les jours dans une eau nouvelle, et insultait à la sécheresse de sa pâle et triste voisine.—Mais ce qu'il fallait voir, c'était la morne contenance des deux enfants, chaque soir, à la vue des deux seaux d'eau qu'Ambroise apportait et répandait dans le bassin du noyer; et l'espèce de fièvre qui les agitait lorsque Monsieur Lambercier qui ne quittait pas le pied de son noyer jusqu'à ce que l'eau fut toute bue, se réjouissait de la beauté de sa plantation.

La nécessité est la mère de l'industrie, on le dit, et combien d'exemples viennent le prouver? Celui que je vais vous citer, vient à l'appui de cet axiôme, mes chers et jeunes lecteurs.

Jean-Jacques, comme celui qui réfléchissait le plus, avait aussi le plus d'invention. Un soir que Monsieur Lambercier se retirait de la terrasse emportant la douce satisfaction d'un propriétaire qui voit prospérer sa propriété, il dit à son cousin:

—Tout-à-l'heure, en voyant la terre boire si avidement cette eau, j'ai pensé que s'il y avait par-dessous terre, une petite rigole adroitement arrangée, elle conduirait l'eau du noyer à notre saule, et de cette manière, notre cher arbre ne mourrait pas faute de boire.—A l'ouvrage! fut toute la réponse de Bernard qui alla aussitôt chercher tout ce qu'il fallait pour creuser la terre. Les deux enfants se mirent à travailler, le canal fut vite fait; il conduisait d'un bassin à l'autre; mais on ne pouvait le laisser ainsi à découvert; il fallut remettre la terre; ce qu'ils firent, en ayant soin toutefois de placer de distance à distance quelques petits bâtons pour la retenir; puis ce fut avec une impatience presque fiévreuse qu'ils attendirent l'arrosage du lendemain.

Ce moment arriva.—Malgré leurs travaux et la bonne idée de Jean-Jacques, pas une goutte d'eau ne se détourna pour aller désaltérer le pauvre saule qui de plus en plus se

penchait vers la terre aride. —Bernard, comme
tous les petits esprits incapables de conception,
ne manqua pas de se moquer de son cousin.

—*Labor omnia vincit improbus*, répondit
Rousseau.

—Parle Génevois, si tu veux que je te
comprenne.—Cela veut dire, répondit Rousseau, que l'idée est bonne, et seulement l'exécution mauvaise ; c'est à recommencer ; la
terre se sera éboulée, l'éboulement aura
bouché la rigole, il faut maintenant trouver
le moyen de retenir la terre, ce qui ne doit
pas être difficile ; il ne s'agit que de réfléchir.
—Puis je crois aussi que si nous pouvions in-
cliner la rigole de façon à ce qu'à peine
creusée du pied du noyer, elle allât en descendant jusqu'à notre saule, rien ne s'opposerait
plus à ce que toute l'eau répandue dans le
bassin du noyer ne s'écoulât aussitôt et n'allât
remplir le bassin de notre saule.—Mais le
moyen d'empêcher la terre de s'ébouler? demanda Bernard.

—Va me chercher au logis tout ce que tu
trouveras de boîtes en bois, dit Rousseau : —

La caisse où nous serrons nos livres, les petites caisses d'eau de Mélisse de Mademoiselle Lambercier, elles sont dans son cabinet
de toilette, sous la grande armoire, la boîte
à perruque de Monsieur Lambercier, va, je
vais creuser en attendant.

Sans trop comprendre ce que Jean-Jacques
voulait faire de toutes ces boîtes, Bernard
n'alla pas moins les chercher. Quand il les
apporta, Rousseau avait si bien pioché, que la
rigole était recreusée plus profondément, et
en pente cette fois, pour donner à l'eau son
écoulement; puis coupant en petites planches
étroites les fonds des boîtes apportées par Bernard, il mit les unes de plat à la file; il posa
sur celles-là, des deux côtés, les autres en
angles, ce qui formait un canal triangulaire;
puis il planta au bout de ce canal, à celui
qui touchait au bassin du noyer, des petits
bouts de bois minces posés en claire-voie,
qui faisaient une espèce de treillage ou de
crapaudine, et qui devaient retenir le limon
et les pierres sans boucher le passage à
l'eau. Cela fait, les deux enfants recouvrirent

bien soigneusement leur ouvrage de terre bien foulée, et attendirent dans des transes perpétuelles d'espérance et de crainte, l'heure de l'arrosement.

VII.

L'ARROSEMENT.

—

Cette heure qui parut aux deux enfants des siècles d'attente, cette heure bien-aimée arriva. Monsieur Lambercier vint comme à son ordinaire assister à l'opération de l'arrosement; Jean-Jacques et Bernard se tinrent derrière lui, autant pour lui dérober la vue du saule, que pour cacher l'excès de leur joie, si leur attente était couronnée du succès. Ambroise vida le premier sceau d'eau. A peine cette eau eut-elle touché la terre du bassin du noyer, que les deux enfants qui avaient les yeux sur le bassin de leur saule, virent l'eau y arriver par le conduit qu'ils avaien creusé. A cette vue, la prudence les abandonna, ils poussèrent un cri !

—Qu'est-ce, demanda Monsieur Lambercier en se retournant, et voyant ses deux élèves rouges et tremblants? Il réitéra sa demande qui resta sans réponse.—Quelqu'enfantillage, ajouta-t-il, en reprenant sa première position pour voir vider son second sceau d'eau.— C'est plaisir, dit-il, de voir comme la terre de mon noyer est bonne, comme elle boit avidement l'eau qu'on lui donne....là.....plus rien, jamais encore elle n'avait bu aussi vite.

Les deux enfants avaient toutes les peines du monde à retenir leur rire; ils n'eurent garde de répondre, et renfermant leur joie en eux, ils attendirent le départ de leur maître de pension, pour se sauter au cou l'un l'autre, et crier avec des larmes de joie: l'eau y vient, l'eau y vient !

Quelques jours après, ils eurent le bon-

heur ineffable de voir leur jeune plante se re-
dresser, étendre ses petits rameaux, et les
feuilles flétries se rouvrir et reverdir. L'orgueil de Rousseau était alors à son comble :
grâce à son adresse, l'eau qui servait à alimen-
ter un arbre, faisait vivre sa bouture; il avait
mis en concurrence une bouture avec un grand
arbre, et le petit l'emportait sur le grand.
César n'avait jamais acquis dans l'histoire un
plus beau titre de gloire.

Mais le bonheur n'est pas constant. Monsieur Lambercier qui avait toujours le même
plaisir à visiter son noyer, à assister surtout
à son arrosement, et qui ne manquait jamais
de se réjouir sur l'excellence de la terre qui
buvait si vîte l'eau qu'on lui donnait, qu'à
peine vidée elle était absorbée, finit par s'a-
percevoir que les feuilles de son noyer jau-
nissaient, que la tête de son arbre devenait de
jour en jour moins altière. —Réfléchissant à
cela, et portant par hazard ses yeux sur ses
élèves au moment où Ambroise se disposait à
arroser le noyer, il vit les yeux de ceux-ci,
fixés sur une petite bouture verdoyante et

vivace, plantée non loin de là ; regardant
toujours, quel ne fut pas son étonnement de
s'apercevoir que l'eau répandue par Ambroise
dans un bassin, venait soudain remplir un second bassin construit autour de cette petite
plante ! Soupçonnant une friponnerie, Monsieur Lambercier se baisse, ramasse une
pioche, en donne un grand coup sur l'ouvrage tracé par ses élèves, fait voler en éclats
deux ou trois des planchettes si bien arrangées
dans la terre, et il se mit à crier à tue tête :—
Un aqueduc, un aqueduc !

Puis continuant son œuvre de destruction, en
un moment, planches, conduit, bassin, saule, tout
fut détruit, et à chaque coup de bêche dont
le bruit allait résonner au fond du cœur de
ces deux pauvres enfants, le maître ne cessait
de répéter : un aqueduc, un aqueduc ! mais il
n'adressa pas un mot de reproche à ses deux
élèves qui n'auraient jamais osé reparaître
devant lui, si le soir, de gros éclats de rire
tels qu'en savait faire Monsieur Lambercier,
ne les eussent attirés au pied de la terrasse, où le
maître se promenait en compagnie de sa sœur,

et que là, ils n'eussent entendu, au milieu de ces gros éclats de rire, raconter l'histoire de l'aqueduc.

— Ainsi, c'était un aqueduc, nous avions fait un aqueduc, dit Rousseau relevant avec orgueil la tête vers son cousin, et lui trouvant ainsi qu'à lui, une coudée de plus. A dix ans ! faire un aqueduc, bien des hommes n'en sauraient faire autant. — Prends garde Rousseau, l'orgueil te perdra, lui dit Bernard beaucoup moins imaginatif, mais bien plus sensé que son cousin.

Effectivement, mes jeunes lecteurs, la suite de cette histoire vous prouvera que Bernard n'avait pas tout-à-fait tort, et qu'avec les plus belles dispositions, le plus beau et le plus noble talent, avec des amis sûrs et haut placés, on peut-être fort malheureux ; la vie de Jean-Jacques Rousseau en est un triste exemple.

Je vous l'ai montré enfant, naïf et bon ; je veux maintenant vous le faire connaître plus âgé, et se laissant dominer par cet orgueil qui le rendit si à plaindre sur ses vieux jours.

Rousseau et son cousin quittèrent Monsieur

Lambercier quelque temps après l'histoire de l'aqueduc ; ils retournèrent à Genève chez le père de Bernard. Jean-Jacques y séjourna trois ans, pendant lesquels on délibérait sur l'état qu'on lui donnerait : on lui en laissait bien le choix ; mais l'imagination mobile et aventureuse de l'enfant, l'empêchait de se fixer à aucun. Tantôt, il voulait se faire horloger ; l'instant d'après procureur ; un jour son oncle Bernard ayant lu un très beau sermon de sa façon, il songea sérieusement à se faire ministre. — Je crois avoir oublié de vous dire, mes lecteurs, que Rousseau était né protestant ; mais le petit revenu du bien de sa mère, qu'il fallait partager entre son frère et lui, ne suffisant pas pour pousser ses études vers cet objet, il fallut y renoncer. Enfin, après quelques essais infructueux, Rousseau fut mis en apprentissage chez un graveur nommé Ducommun, où il resta jusqu'à un événement qui décida de sa destinée, et que pour cette raison, je veux vous raconter en détail.

VIII.

DEMI-HEURE TROP TOT.

—

Jean-Jacques Rousseau avait alors seize ans, et ses seules distractions, hors les livres qu'il louait chez *La Tribu*, libraire, était d'aller tous les dimanches après le prêche, jouer avec des camarades de son âge, hors la ville. Genève se fermait tous les soirs à une certaine heure, et Jean-Jacques allant toujours en avant, sans jamais songer au retour, se trouva pris deux fois par la fermeture des portes; il fut ces deux fois, tancé cruellement par son maître, et se promit bien de ne pas s'exposer une troisième à pareille leçon. Mais cette troisième arriva cependant: il y avait à Genève, un capitaine Minutoli, qui fermait tou-

jours les portes de la ville demi-heure avant
l'heure prescrite. Un de ces jours où Minutoli
était de garde, Rousseau était allé se promener
dans la campagne avec ses amis, il s'en revenait et n'était plus qu'à une demi-lieue de la
ville, lorsqu'il entendit sonner la retraite. Il
double le pas ; bientôt il entend battre la caisse,
et se met à courir à toutes jambes, essoufflé,
tout en nage, il arrive, le cœur lui bat, il
voit de loin les soldats à leur poste, il crie,
sa voix étouffée ne parvient pas, il n'était plus
qu'à vingt pas de l'avancée, lorsqu'il voit les
cornes terribles du pont se dresser devant lui,
puis le pont se lever et lui ôter son dernier
espoir.—A cette vue, Rousseau se livra à
tous les transports d'une vive douleur.

—Oh! vous ne savez pas ce que c'est que
mon maître, dit-il à ses amis qui riaient de
son désespoir! Des reproches, des coups à moi,
à moi, Jean-Jacques Rousseau.....non....je
ne m'y exposerai pas....une troisième fois...
c'est assez de deux....la ville s'est fermée devant moi, je n'y rentrerai pas...adieu Genève,
adieu mes amis....demain au jour, vous ren-

trerez, vous, vous retournerez chacun chez
vos parents qui vous gronderont peut-être...
comme gronde un père, une mère, de la
bouche...jamais du cœur ni des yeux....moi,
ma mère est morte, mon père est parti,.. il
est loin...Bernard seul me regrettera peut-
être...vous lui direz que je suis parti en songeant
à lui.

Plus calme après cette décision, Jean-
Jacques passa le reste de la nuit assez tranquille. Le jour venu, tandis que ses camarades prenaient le chemin des portes qui s'ouvraient, Jean-Jacques tourna le dos à la ville,
et s'élança ainsi tout seul dans la vie.

Soutenu par cet orgueil qui lui faisait supposer qu'il était propre à tout, libre et maître
de lui-même, il croyait qu'il n'avait qu'à s'élancer pour s'élever et voler dans les airs, qu'il
n'avait qu'à se présenter pour que chacun, enchanté de son mérite, l'accueillît, le reçut,
et que les festins, les trésors, les aventures, les amis généreux, allaient s'empresser
sur ses pas. Il ne rêvait rien moins qu'un
château, où, favori des maîtres, protecteur

des voisins, soutien des vasseaux, il coulerait
les jours les plus heureux du monde...A cet
effet, il s'en allait errant dans les campagnes,
cherchant l'aventure que dans son imagination ro-
manesque il pensait ne pouvoir lui manquer, et
ne voyait pas un seul château sans s'arrêter
sous son balcon, ou sous ses croisées; trop
timide pour heurter à la porte et y demander
une hospitalité qu'il n'était pas sûr de ne
pas se voir refuser, il ne se posait pas moins
en héros de roman; et troubadour nomade, il
se mettait à chanter toutes ses plus jolies ro-
mances, très étonné après plusieurs heures
d'attente, et autant de chansons, de ne voir
accourir ni belles dames, ni belles demoiselles
attirées par la beauté de sa voix. Alors il
se retirait en gémissant, ce qui ne l'empêchait pas un peu plus loin et à un nouveau
château de recommencer ses chants, ses rou-
lades, et d'espérer toujours.

A l'époque où nous parlons, Rousseau avait
seize ans; et sans être précisément un joli
garçon, il était fort agréable; de petite taille,
mais bien prise et dégagée, il avait le pied

petit, la jambe fine, et une charmante physionomie qu'animait toujours un sourire fin et
spirituel; ses yeux petits et enfoncés n'en brillaient
pas moins de tout le feu de son génie futur.

En attendant le brillant avenir réservé à sa
jolie voix et à sa jolie figure, Rousseau fatigué,
mais non découragé, et qui pensait courir le
monde en errant de châteaux en châteaux, et
sans s'éloigner de plus d'une portée de fusil
des murs de Genève, était le soir fort heureux
de rencontrer dans de simples et obscures
chaumières, de bons et braves paysans qui
voulaient bien le loger et lui donner à souper
pour le seul mérite d'obliger; car la bourse du
jeune chercheur d'aventures était plus que
modeste. Dans ces courses vagabondes, ayant
une fois entendu parler d'un curé nommé de
Pontverre qui était un descendant des gen-
tilshommes de la cuiller, il fut curieux de
voir un de ces ennemis de Genève, ainsi
nommés parce qu'ils s'étaient vantés de manger les Génevois à la cuiller....Ce curé demeurait à Confignon, terre de Savoie, à deux
lieues de Genève. Jean-Jacques y alla : le curé

le reçut fort bien. Rousseau lui parla de son avenir, et de son dénuement momentané ; le curé l'engagea à aller à Annecy chez une Madame de Warem qui pourrait lui être utile. Cette dame le recommanda à une autre personne ; de recommandations en recommandations, de voyages en voyages, Rousseau arriva à Turin, sans argent, sans linge, et cependant sans aucune inquiétude.—Mon mérite seul aura tout l'honneur de la fortune que je vais faire, se disait modestement le petit orgueilleux. Mais l'orgueil ne fait pas vivre, et Rousseau allait l'apprendre à ses dépens, lorsqu'un jour l'hôtesse chez laquelle il logeait et à laquelle il devait quelque argent, lui dit qu'elle avait trouvé une dame de condition qui désirait le voir ; aussitôt la petite tête de Rousseau travaille :—voici mon aventure, dit-il, et tout plein de cette fumée, il se rendit chez elle ;

La comtesse de Vercelis, veuve, sans enfants, était une femme entre deux âges, d'une figure fort noble, d'un esprit orné, aimant la littérature française et s'y connaissant. Elle reçut Rousseau assez froidement, et après l'avoir fait causer un peu de temps, elle l'admit à son service en qualité de....laquais !

Quelle chûte pour un esprit comme celui de Rousseau! mais quand on meurt de faim et qu'on a fait la folie de quitter sa famille et sa patrie par un coup de tête, il faut en subir les conséquences. Ce n'est que dans les contes de fées, mes enfants, que ces choses là réussissent; dans la vie réelle où tout est réel, un jeune homme seul, sans protection, aidé de son génie seulement, finit bien par parvenir; mais à la longue, et souvent après de rudes et cruelles épreuves.—Ce fut chez cette dame, à sa mort, quelque temps après l'entrée de Rousseau dans sa maison, qu'il arriva à ce jeune homme une histoire qui pesa sur toute sa vie, et qui prouve jusqu'où peut conduire un premier mensonge.

IX.

LE RUBAN COULEUR DE ROSE ET ARGENT.

—

Après la mort de Madame de Vercelis, Monsieur le comte de la Roque, son héritier, n'ayant que faire des gens de la défunte, les congédia. Ils étaient au nombre de cinq compris Rousseau : M. Lorrenzi, sa femme, leur nièce Mademoiselle Pontal, qui se donnait des airs de dame, ce qui faisait que Jean-Jacques ne pouvait pas la souffrir, et une jeune mauriennoise nommée Marion, bonne fille, sage, jolie, d'une fidélité à toute épreuve, et qui était cuisinière.

Dans la dissolution d'un ménage où chacun fait son paquet, il règne toujours du désordre

et de la confusion. Jean-Jacques trouva à terre,
un petit ruban dont le rose argenté lui plut;
il le releva et le mit insouciemment dans sa
poche. Un quart d'heure après, Mademoiselle
Pontal passa près de lui. ---Avez-vous vu un
petit ruban rose et argent, lui dit-elle, avec
assez d'arrogance?---Le premier mouvement
de Rousseau fut de répondre—non—. Soit qu'il
n'attachât aucun prix à cette trouvaille, soit
qu'il voulut garder le ruban, soit pour faire
fâcher cette jeune personne à laquelle il était
bien aise de faire une malice, il dit--non,—et
ce premier mot lâché entraîna à sa suite de
cruelles conséquences.

---Non, répéta mademoiselle Pontal, du ton
le plus méprisant, c'est bien singulier;---je
l'avais, il n'y a qu'un instant; je viens de
parcourir toutes les pièces de cette maison,
excepté celle-ci,...Répondez! avez-vous vu
mon ruban?---Me l'avez-vous donné en garde,
votre ruban, répondit Rousseau, d'un ton
goguenard?--Réponse de Caïn au bon Dieu.--
Vous avez vu mon ruban! s'écria mademoiselle Pontal en s'animant.--Et laissez-moi

tranquille vous et votre ruban, répliqua Rousseau en passant outre.

Mais l'affaire n'en resta pas là : Mademoiselle Pontal, cherchant partout son ruban, fit tant de bruit, ameuta tant de monde, que Rousseau, entrant dans l'appartement où tous les domestiques étaient rassemblés, n'entendit parler d'autre chose que du ruban. Il eut un moment l'idée de le rendre; une fausse honte le retint; il avait dit *non*.—Il avait menti, et la crainte d'être appelé menteur, le rendit voleur. Hélas! la crainte d'être appelé voleur lui fit commettre une bien plus grande faute.

—Que de bruit, mon Dieu, pour un mauvais ruban! dit Marion dont le joli visage était dans ce moment baigné de larmes, et qui était au moment de quitter l'appartement. — Penser à un ruban lorsque l'on vient de perdre la meilleure des maîtresses.

—Mauvais! cela vous plaît à dire, reprit aigrement l'ex-propriétaire du ruban à Marion qui était sortie sans attendre la réplique; mais toutefois, n'importe, mauvais ou non, j'y tiens. et je veux le retrouver.

— Si c'est celui-ci que vous cherchez ma
nièce, vous n'irez pas loin, dit Lorrenzi, montrant un bout de ruban rose et argent qui sortait de la poche de Rousseau; puis, profitant du
trouble où cette découverte jetait le petit voleur, il tira le ruban lentement de sa cachette.
A peine l'eut-il étalé aux yeux des assistants,
que Mademoiselle Pontal se jeta dessus en criant:
— mon ruban !

Comprenant le danger, et tout ce que cette
découverte allait entraîner de désagrément sur
lui, Rousseau rougit et se troubla tout-à-fait.

—Ainsi, c'était Monsieur Rousseau qui l'a-
vait pris, dit Mademoiselle Pontal, et il le
niait. —Est-ce que je savais que c'était celui-là
que vous cherchiez? dit Rousseau de plus en
plus troublé.

— Vous saviez bien toujours que vous aviez
dans votre poche un ruban qui ne vous appartenait pas, répliqua aigrement la propriétaire
du ruban. — C'est ce qui vous trompe, dit
Rousseau, à qui la malheureuse idée de payer
d'audace prit.

— Ce ruban est à vous ? dit Mademoiselle

Pontal.—Oui, dit Rousseau, relevant la tête. — Il est à vous parce que vous l'avez pris, reprit M. Lorrenzi. — Il est à moi parce qu'on me l'a donné, répliqua le jeune homme.—Et qui vous l'a donné? s'écrièrent Monsieur, Madame Lorrenzi et leur nièce tous les trois à la fois.—Qui vous l'a donné, répétèrent-elles? car Rousseau effrayé lui-même de voir où l'entraînait son premier mensonge, gardait le silence.— Il serait bien en peine de dire qui le lui a donné, dit Mademoiselle Pontal d'un air dédaigneux.— Je savais bien M. Rousseau rempli de mauvaises qualités, dit Monsieur Lorrenzi, la voix mielleusement hypocrite, mais j'ignorais qu'à l'avantage de....mentir, il joignît l'avantage plus lucratif encore de...voler.—Voler! répéta Rousseau, les poings serrés.—Oui, voler, Monsieur, répéta à son tour la nièce des Lorrenzi, — si vous ne l'avez pas volé, dites donc qui vous l'a donné, dit Madame Lorrenzi. — Qui me l'a donné? répéta lentement Jean-Jacques.—Oui qui vous l'a donné? répéta à son tour et plus vîte Mademoiselle Pontal. — Marion! dit Rousseau étourdi par toutes ces attaques et voulant

les faire cesser à tout prix. — Marion! dit tout
le monde avec l'accent de l'étonnement le plus
grand.—Marion! certes nous ne nous serions pas
attendu à cela d'elle, et d'après tous les éloges
que Madame en faisait.

Puis on se sépara, mais la chose ne devait
pas finir ainsi.

X.

JUGEMENT LAISSÉ A LA GARDE DE DIEU.

—

L'histoire du ruban volé parvint aux oreilles
de Monsieur de la Roque, qui avant de donner
des certificats de fidélité aux gens de Madame
de Vercelis, voulut vérifier le fait. On avait eu
jusqu'à ce jour autant de confiance en Rousseau
qu'en Marion; il importait de savoir lequel des

deux avait démérité. Marion, renfermée depuis
la veille dans sa chambre, et livrée à sa douleur,
ignorait entièrement l'accusation qui pesait sur
elle ; lorsqu'on la fit venir en présence de Monsieur le comte de la Roque, elle pensa qu'il
n'était question que de quelque legs que lui
laissait sa maîtresse, et ne s'en inquiéta pas autrement. Une compagnie nombreuse, composée
des amis et des parents de la défunte, entourait
l'héritier ; dans un coin du salon se tenaient
les domestiques de la maison ayant Rousseau
en tête. Marion alla machinalement se placer
près de ce jeune homme.—Mes amis, dit M.
le comte de la Roque, s'adressant à la société
ainsi qu'à ses gens, un vol a été commis dans
ma maison ; c'est peu de chose, ce n'est qu'un
ruban ; mais la valeur de l'objet ne fait rien à
l'importance du délit, et il m'importe de savoir
qui l'a commis.—Madame Lorrenzi, connaissez-
vous ce ruban ? ajouta le comte agitant dans sa
main un ruban rose et argent.—C'est un ruban
qui appartient à ma nièce, Mademoiselle Pontal, répondit la femme de charge.—Je le reconnais
comme tel, affirma son mari.—Ce ruban est à

moi! dit à son tour Mademoiselle Pontal.—Et
vous, Marion? demanda le comte à la jeune
cuisinière. C'est la première fois que je le vois ;
répondit-elle.—De la franchise, Marion, avouez
et il ne vous sera rien fait, répliqua le comte.
Avouer!...quoi? demanda la jeune fille avec un
étonnement qui n'était pas feint. — Que, ten-
tée par la jolie couleur de ce ruban, et l'ayant
probablement trouvé à terre, que d'ailleurs
ne lui connaissant pas de maître, vous l'avez
ramassé, puis, que pour un motif que j'ignore,
vous en avez fait don à Rousseau.... Moi, moi!
c'est à moi que Monsieur le comte parle? demanda Marion, regardant alternativement,
l'héritier de sa maîtresse, Rousseau, les autres domestiques, et le reste de la société.—
Parlez, Rousseau, dit le comte au jeune laquais.

Celui-ci s'avança, le front rouge, mais élevé;
la conscience inquiète, mais l'air assuré; le
mensonge l'avait conduit au vol, le vol à la dé-
lation; dans le sot orgueil qui le dominait, il
n'osait reculer. Il eut été si simple et si bien
cependant de dire: — j'ai trouvé ce ruban, il

me plaisait, mon intention était de le garder,
j'ai menti en disant que Marion me l'avait donné, punissez-moi, Marion est innocente!......
Mais non, au lieu de cela, s'enfonçant davantage
dans le crime, Rousseau répondit hardiment:—
Hier, Marion est venue à moi, elle tenait ce ruban à la main:—tenez, Rousseau, m'a-t-elle dit;
nous allons nous séparer sans doute pour toujours, gardez cela en souvenir de moi.

— Mon Dieu, Monsieur Rousseau, que vous
ai-je fait, pour m'accuser ainsi, dit Marion
interdite, et les yeux levés pleins de reproches
sur son camarade?—tout ce que vous dites est
faux... Vous savez bien que je ne vous ai donné
ni ruban, ni aucun souvenir,.... Quoi! interrompit effrontément le jeune Génevois;—quoi!
Marion, vous niez m'avoir donné ce ruban? —
Puisque cela n'est pas vrai? répondit ingénue-
ment la jeune cuisinière.

Avec une audace sans pareille, Rousseau fit
un geste des épaules accompagné d'un sourire
qui signifiait si bien, - allons donc : vous êtes
folle de nier, — que Marion fondit soudain en
larmes....

— Ce que vous faites est mal ! bien mal !
Monsieur Rousseau, dit la jeune mauriennoise,
sans emportement, mais avec l'accent de la dignité blessée.—Je vous en prie...rétractez vos
paroles...pourquoi chercher à perdre une pauvre jeune fille innocente qui n'a fait de mal à
personne...Rousseau... avouez que tout ce que
vous venez de dire est faux...Vous savez bien
que je ne vous ai pas donné ce ruban... Rousseau....je n'ai que ma probité pour fortune....
ne me l'ôtez pas.. avouez..—Avouez, Marion !
avouez bien plutôt que c'est vous qui m'avez
donné ce ruban, interrompit Rousseau, mais
cette fois sans regarder Marion, et évitant au
contraire ce regard profond et désolé que la pauvre accusée tenait fixé sur lui...Quant à moi, je
déclare une seconde et dernière fois à Monsieur
le comte, que c'est vous qui me l'avez donné..
--Ah ! Rousseau, dit Marion, en essuyant les
larmes qui baignaient son visage,—je vous croy-
ais un bon caractère; vous me rendez bien
malheureuse !

Et elle se tut, se contentant de pleurer en
silence, et attendant la décision de son maître.

—Sortez tous les deux, dit le comte, s'adressant à Rousseau et à Marion ; devant tant d'ef-
fronterie d'une part, tant d'assurance de l'autre,
je ne sais que croire.— Allez;—la conscience du
coupable vengera assez l'innocent.

Ainsi la prédiction du comte ne fut pas vaine ;
elle ne cessa pas un jour de s'accomplir; voici
comment, après quarante ans, Rousseau parle
lui-même de cette aventure, dont le souvenir
cruel le trouble quelquefois et le bouleverse,
au point de lui faire voir dans ses insomnies cette
pauvre fille venir lui reprocher son crime comme
s'il n'était commis que de la veille:

« Je ne sortis pas de la maison de Madame
» de Vercelis comme j'y étais entré; j'en em-
» portai le long souvenir du crime, et l'insup-
» portable poids des remords dont, au bout de
» quarante ans, ma conscience est encore char-
» gée, et dont l'amer sentiment, loin de s'affaiblir,
» s'irrite à mesure que je vieillis. Qui croirait
» que la faute d'un enfant put avoir des suites
» aussi cruelles! C'est de ces suites plus que
» probables, que mon cœur ne saurait se conso-
» ler; j'ai peut-être fait périr dans l'opprobre

» et dans la misère, une fille aimable, honnête,
» estimable, et qui sûrement valait beaucoup
» mieux que moi. »

Rousseau ignora toujours ce que devint la
victime de sa calomnie; et cette ignorance,
comme vous le voyez, fut un de ses plus affreux
tourments, c'est justice divine. Mais vous,
mes jeunes lecteurs, qui ne méritez pas cette
punition, nous vous dirons qu'une dame âgée
qui se trouva présente à cette espèce de scène
de cour d'assises, n'eut pas de peine à démêler,
dans la contenance modeste et assurée de Marion, la preuve de son innocence; elle la prit
à son service, et comme elle n'eut lieu que de
s'applaudir de cet acte à la fois de justice et de
perspicacité, elle lui laissa en mourant une petite fortune avec laquelle Marion retourna dans
son pays. Elle s'y maria et vécut fort heureuse;
non, sans toutefois, penser aux remords qui
devaient bien tourmenter ce pauvre petit Rousseau, disait-elle naïvement, fort long-temps
après encore.

Après avoir été quelque temps laquais dans
une autre maison, Rousseau qui sentait inté-

rieurement qu'il n'était pas né pour servir les
autres, se mit à donner quelques leçons de musique. Puis, entendant toujours parler de Paris,
il part avec cent francs dans la poche, et y arrive en 1732; mais il ne put y rester long-temps,
les moyens d'existence lui manquaient... il en
repart, court encore le monde, et y revient en
1741, cette fois, avec des idées et des projets de
fortune qu'il croyait ne pouvoir lui manquer. Il
eut le bonheur de se lier avec quelques hommes célèbres de l'époque, Marivaux, l'abbé de
Mably, Fontenel et Diderot. Présenté chez Madame Dupin, la fille du fameux Samuel Bernard, Jean-Jacques y rencontra Buffon et Vol-
taire. Mais malgré tous ses protecteurs, le
jeune Génevois qui n'avait aucune idée, qui tantôt voulait être musicien, tantôt voulait être
autre chose, serait mort de faim, s'il n'eut
trouvé une place de commis à 900 francs, chez
Monsieur Dupin, fermier général et mari de la
fille de Samuel Bernard dont nous venons de
parler. Ce fut à cette époque, où il lui vint quelques idées de littérature, et qu'il forma le projet
de publier avec Diderot, un journal intitulé :

le *Persifleur* ;— ce journal n'eut qu'un numéro.
Ses amis lui confièrent des articles de musique
dans l'encyclopédie, il les fit vite et mal, ainsi
qu'il l'avoue lui-même. A cette époque, Diderot ayant fait paraître sa lettre *sur les aveugles*,
fut emprisonné au donjon de Vincennes ; et dès
que le philosophe prisonnier eut la permission
de recevoir des visites, Rousseau se hâta d'en
profiter. Il avait pris pour abréger l'ennui du
chemin, un numéro du *Mercure de France* qu'il
lisait en marchant.

Une question proposée par l'académie de
Dijon le frappa : « *Le progrès des sciences et
des arts a-t-il contribué à corrompre ou à pu-
rifier les mœurs ?* » En arrivant à Vincennes,
il avait déjà écrit au crayon sur du papier, sa
Prosopopée de Fabricius. Ce morceau lui obtint le prix. Alors, il ne pensa plus qu'à écrire ;
mais n'étant pas connu, n'ayant pas de libraire,
et ayant besoin de vivre en attendant; le jour,
il écrivait ; la nuit, il copiait de la musique ; ce
dernier genre de travail lui mettant toujours du
papier rayé sous la main. A force de copier,
Rousseau comprit la composition. L'envie lui

prit de faire un opéra ; le *Devin du Village* fut composé ; paroles et musique, tout était de lui ; il le porta à un de ses amis nommé Duclos. Celui-ci, aidé de quelques hommes puissants, fit admettre, au répertoire de la cour, alors à Fontainebleau, le *Devin du Village*. On le mit en répétition. Le jour de la première représentation, Rousseau qui était venu de Paris à la hâte, se présenta au théâtre ; l'intendant des menus-plaisirs du roi, le reçut et l'installa dans une loge. La salle était comble, le roi y était avec tout ce que la cour avait de plus brillant ; le succès fut tel que le premier gentilhomme de la chambre fit prévenir l'auteur que le roi voulait qu'il lui fut présenté.

Tout gonflé de cette faveur, Rousseau se regarde : il s'aperçoit qu'il est plus que simplement vêtu, mais salement mis ; il pense que le roi lui parlera, qu'il faudra lui répondre, lui adresser des remerciements. Aussitôt sa tête se monte, sa timidité reprend le dessus ; il s'effraie et du costume dans lequel il va paraître devant la cour, et des paroles qu'il faudra dire, qui seront entendues et commentées par chacun ;

et le voilà qui au lieu de prendre le corridor qui doit le conduire sur le passage de Louis XIV, il s'échappe par un escalier dérobé, s'élance sur le grand chemin et reprend la route de Paris.

Quelque temps après, en 1753, l'académie de Dijon fit proposer pour prix de cette année, « *l'origine de l'inégalité parmi les hommes.* » Cette académie avait trop de droit au souvenir de Rousseau, pour qu'il ne s'occupât pas de traiter cette question, qui du reste offrait au Génevois l'occasion précieuse d'exposer ses principes favoris. Trop long-temps placé dans une position secondaire et fausse, Rousseau en avait acquis un caractère de sauvage mysantropie, que la mauvaise humeur causée par la mauvaise santé, rendait de jour en jour plus sensible. Madame d'Epinay, l'amie la plus sincère qu'il eut jamais eu, lui ayant entendu vanter les charmes de la solitude, lui fit construire dans la vallée de Montmorency, une petite maison isolée et champêtre, qu'il appela son *hermitage*, et dont le nom lui est resté. Rousseau s'y installa le 9 avril 1756; ce fut là qu'il composa quelques-uns de ses principaux ouvrages.

Mais son caractère inquiet et son humeur fâ-
cheuse, l'empêchèrent de jouir de la tranquillité
qu'offrait cette charmante retraite; chagrin
jusqu'à voir des ennemis partout, il ne pensait
jamais qu'à les fuir. C'est ainsi qu'il parcourut
successivement la France et la Suisse, et qu'enfin il revint à Paris.

Ce fut à cette époque, en 1778, que Monsieur de Girardin, peiné de voir un homme aussi
remarquable que Rousseau, dépérir ainsi de
jour en jour, ruiné par les fantômes d'une imagination en délire qui lui faisait voir des ennemis même parmi ses amis, — que Monsieur de
Girardin, dis-je, lui offrit d'aller s'installer dans
sa délicieuse habitation à Ermenonville. Jean-
Jacques y trouva enfin un repos, de courte du-
rée, il est vrai. Il avait choisi pour se loger,
un des pavillons qui sont séparés du château
par des fossés pleins d'eau, et accompagné du
fils aîné de Monsieur de Girardin qui n'avait
alors que dix ans, il entreprit de faire *l'Herbier*
complet du parc.

Arrivé dans cette retraite le 20 mai, le 2 juille
suivant, il se plaignit de quelques douleurs, qu.

se dissipèrent cependant ; il soupa, se coucha et passa une nuit assez tranquille. Le lendemain 3 juillet 1778, il se leva de bonne heure, alla se promener dans le parc, suivant son usage, et revint déjeûner... On lui servit son café qu'il prit, et après lequel il se trouva si bien qu'il voulut s'habiller pour faire une visite au château. Au moment où il allait dépasser la porte du pavillon, il se sentit un grand froid, et comme un violent mal de tête, puis tout-à-coup il tomba le visage contre terre, et expira sans prononcer une seule parole!

Son tombeau est à Ermenonville ; et le désir de visiter la dernière demeure de cet homme malheureux et célèbre, deux choses qu'il ne doit qu'à lui-même, la première à son humeur, la seconde à sa volonté raisonnée, y attire tous les jours un grand nombre de voyageurs.

FIN.

SAINTE VICTOIRE.

An 250.

LA JEUNE CHRÉTIENNE EN 250.

I.

LA FEMME A L'AMPHORE.

On était au mois d'octobre 250, le soleil se
levait, ses rayons grandissaient et s'étendaient
au loin; Rome réveillée, reprenait la vie et le
mouvement; la brise matinale répandait, d'un
jardin à l'autre, un doux parfum de narcisse et
de jasmin, et la vive et joyeuse hirondelle, ef-
fleurant de son aîle légère la frise d'un temple,
ou les branches odorantes de l'oranger en fleurs,
semblait, dans sa course vagabonde, célébrer à

la fois et la naissance du jour et le créateur de toutes choses.

Peu-à-peu, les jalousies, closes, toute la nuit, se levaient une à une, sous l'impulsion d'une main plus ou moins paresseuse ; les portes des palais et des maisons s'ouvraient pour livrer passage aux esclaves occupés des soins du dehors ; et les voies romaines gémissaient sous le bruit des chars à deux taureaux, des ânes chargés et rétifs, des chevaux hennissants, des laboureurs, des jardiniers et des chevriers, qui débouchaient par les portes de la ville, et qui arrivaient des campagnes environnantes. On reconnaissait à leurs costumes riches et variés, les habitants de Preneste, de Tibur, d'Albe et de Tusculara. Le forum romanum commençait à se peupler de citoyens de toutes sortes, au milieu desquels on remarquait aisément le curieux étranger regardant avidement autour de lui, les sénateurs orgueilleux de leurs toges, et leurs clients empressés de les saluer ; les édiles en robe blanche qui traversaient gravement la foule, et les victimaires qui se hâtaient pour se rendre dans les temples

Quelques litières cheminaient aussi à travers tout ce monde ; une seule d'entr'elles avait ses rideaux fermés , elle était portée par quatre nègres éthyopiens. Bientôt quittant la voie appienne, elle s'avança vers les bords du Tibre qu'elle se mit à cotoyer , pensant alors n'être point aperçue. La personne renfermée dans la litière en écarta les rideaux ; c'était une toute jeune fille, presque une enfant. La gravité mélancolique de son beau front contrastait avec les lignes indécises de son visage naïf. Mollement étendue sur des coussins de pourpre, bercée par la marche inégale de ses porteurs, cette jeune enfant paraissait plongée dans une méditation qui n'était pas de son âge ; ses beaux yeux noirs levés avec une espèce d'exaltation vers le ciel, ses lèvres vermeilles qui remuaient doucement sans laisser échapper aucune parole, le peu d'attention qu'elle semblait apporter aux choses qui se passaient autour d'elle ; tout faisait supposer une méditation pieuse et sainte , une prière mentale adressée sans doute à un esprit supérieur et invisible , à une divinité quelconque. Un soupir douloureux, poussé près de l'endroit où sa litière passait, interrompit le cours des réflexions de la jeune romaine. Elle chercha des yeux la personne qui se plaignait, et ne tarda pas à découvrir au milieu des joncs élevés sur les bords du fleuve, une femme du peuple, portant sur la tête une amphore qu'elle venait sans doute d'emplir aux eaux du Tibre. Cette femme pliait sous le poids de son fardeau. — La belle romaine ordonna à ses esclaves de s'arrêter, et fit un signe à la femme qui s'approcha aussitôt ;

— Cette charge est bien lourde pour toi, lui dit-elle ; que vas-tu faire de tant d'eau ? — Hélas ! répondit la femme à l'amphore, je lave les tables et le pavé des boutiques... et cette charge, qui te paraît trop lourde pour moi, oh ! jeune fille, et qui l'est en effet ; cette charge ne quittera les épaules de la vieille Cartilla qu'à la nuit, pour la reprendre le lendemain matin, et ainsi de suite les jours suivants.

— Tiens, repose-toi aujourd'hui ! dit la jeune romaine, en donnant elle-même, de sa main blanche et délicate de patricienne, un sesterce à la laveuse de boutiques. — Sois bénie, ô jeune fille, reprit cette dernière émerveillée d'une si riche aumône. Ta mère doit être une heureuse femme! — Ma mère est morte, mon père est mort! je suis seule au monde! dit la jeune fille avec un accent de regret touchant.

—Oh! belle romaine, reprit la vieille femme, tes paroles ont un accent de tristesse qui vient d'une âme désolée, et cependant au luxe qui t'environne, je ne puis penser que les prières d'une pauvre créature puissent t'être utiles ; sans cela, je les offrirais pour toi, le matinet le soir, à celui qui peut tout. — Le cœur peut être aussi affligé sous la pourpre que sous la bure, bonne femme, et les personnes qui vont en litière, ont souvent plus besoin de prières que celles qui vont à pieds; prie donc pour moi, Cartilla, je t'en prie. — Tu dis mon nom! tu me connais donc, répliqua Cartilla, en levant pour la première fois les yeux sur la jeune fille en litière?—Mais oui, c'est vrai, ce n'est pas la première fois que tu me fais l'aumône; comment n'ai-je pas reconnu tout de suite ton charmant visage, comment mes oreilles n'ont-elles pas été frappées aussitôt de l'harmonie cé-

leste de ta voix !...L'âge et les chagrins ont
donc bien affaibli ma vue et mon ouïe. Tu es
Victoire...n'est-ce pas?.. la sage et pieuse Victoire, dont la demeure d'été est située près du
golfe de Baya, sur les rochers qui dominent
la plage, et la maison de ville sur la voie
flaminienne ; tu es recherchée en mariage, à ce
qu'on dit, par le favori de Dèce, le jeune et bel
Eugène ! Dieu te préserve de ses poursuites....
Oh ! jeune fille !...Dieu t'en délivre.... Je demanderai pour toi, auprès de la sainte vierge,
ajouta la pauvre romaine, en se rapprochant de
la litière et en baissant la voix de manière à n'ê-
tre entendue que de Victoire.—Je demanderai
pour toi auprès de la sainte vierge l'intercession
de sainte Apollonie!..—Apollonie! tu l'as connue...tu l'as vue...Oh ! raconte-moi ce que tu
en sais, Cartilla, je t'en prie.

Tout en parlant, Victoire avait saisi la main
rude et calleuse de la femme du peuple,
et la serrait avec ferveur !

Ayant jeté un regard rapide et inquiet autour d'elle, et voyant le chemin désert, Cartilla dit sans lever la voix cependant :

II.

HISTOIRE DE SAINTE APOLLONIE

—

—Pardon, Victoire, si je commence à te
parler de moi, dit Cartilla ; je n'en dirai que ce
qui aura rapport à la sainte personne dont tu
me demandes l'histoire. Il n'y a qu'un an que
je réside à Rome, j'y ai suivi ma fille mariée
à un romain. Je suis née à Alexandrie, dans la
maison même d'Apollonie, j'étais son esclave ; elle
m'affranchit ainsi que ses autres esclaves, le jour
où elle reconnut Jésus-Christ pour son sauveur,
et où elle reçut l'eau sainte du baptême. Mais
bien qu'affranchie et libre de m'en aller, je ne

voulus jamais quitter la maîtresse pour laquelle j'aurais donné ma vie, et au martyre de laquelle j'ai assisté..—Ecoute et pardonne mes
larmes; ma douleur sera éternelle.—Nous vi-
vions bien tranquilles, lorsqu'il arriva dans la
ville un méchant poëte qui se vantait de pré-
dire l'avenir. Et il se servit du prétexte de la
religion pour animer le peuple contre les chrétiens; nous avions pour voisin un vieillard
respectable, nommé Métrius. Les idolâtres se
saisirent de lui, et voulurent l'obliger à blas-
phêmer contre le vrai Dieu! sur le refus que
ce saint homme fit d'obéir, ils le traînèrent dans
un faubourg, et après l'avoir battu à coups de
bâtons, lui avoir piqué les yeux avec des ro-
seaux pointus, ils le lapidèrent.

Quinta, l'amie de ma maîtresse, saisie le
même jour dans son domicile, fut conduite dans
un de leurs temples, et sommée par le peuple d'a-
dorer l'idole, elle s'y refusait avec horreur,
comme tu le penses bien, Victoire. Alors, ces
méchants la lièrent par les pieds, la traînèrent
sur des pierres, la meurtrirent de coups, lui
crevèrent les yeux comme à Métrius, et la lapi-

dèrent comme lui. Ce ne fut que le prélude de
toutes les horreurs possibles. La ville était en
confusion; on courait avec fureur chez les chrétiens, on les arrachait avec violence de leurs
maisons... on pillait leurs biens : — c'était à quoi
ils étaient le moins sensibles; on les emprison-
nait, on leur faisait souffrir toutes sortes de
mauvais traitements; et comme on ne pouvait
réussir à leur faire renier Jésus-Christ, on
les mettait à mort...— Hélas! un jour notre
tour vint... C'était au commencement de l'année dernière, au mois de février... Une troupe
de furieux pénétra, un beau matin, dans notre
maison; sans respect pour l'âge et les vertus de
ma pauvre maîtresse, ces misérables se saisirent
d'elle, et voulurent lui faire prononcer des paroles impies contre la sainte mère de notre Sauveur, contre notre Sauveur lui-même.—Qu'elle
était belle, Apollonie, en les toisant sans leur
répondre; ses grands yeux bleus semblaient
avoir puisé dans sa noble indignation, tout le
feu, tout l'éclat de sa première jeunesse! Voyant le silence dans lequel elle se renfermait,
ces barbares la frappèrent au visage avec tant

4

de cruauté, qu'ils lui brisèrent les dents. Puis,
malgré nos cris, nos larmes, nos prières, ar-
rachée de nos bras, on la conduisit hors de la
ville, on alluma un grand feu et on la menaça
de la jeter dans ce feu, si elle ne se décidait
pas bientôt à dire les paroles qu'on exigeait
d'elle. — Alors, elle demanda un moment de ré-
pit, mais c'était seulement pour éloigner de sa
sainte personne les hommes grossiers qui l'entouraient; — car ce n'était point pour retarder
l'heure de son martyre, puisqu'au moment où
les mains ignobles de ces hommes cessèrent de
la retenir, elle s'élança d'elle-même dans les
flammes; je la vois encore s'agenouillant sur
les charbons ardents. J'entends encore sa voix
crier : — Jésus, reçois mon âme !...

En achevant ces mots, la voix de Cartilla
baissa sensiblement, puis, la pauvre femme se
tut, comme succombant à l'émotion du récit
qu'elle faisait elle-même.

— Servante et compagne d'Apollonie, dit
Victoire à Cartilla, — l'heure s'avance; viens chez
moi, à la septième heure du jour, et regarde
désormais ma maison comme la tienne. — Pour

toute réponse, Cartilla posa ses lèvres sur la main que Victoire lui tendait, en signe d'adieu, et s'éloigna.

Au moment où les esclaves éthyopiens, qui portaient la litière de Victoire, allaient reprendre leur marche, un jeune patricien monté sur un cheval des Gaules, s'approcha de la litière ; modérant l'ardeur de son coursier sur la lenteur de la marche des esclaves, le noûveau venu ôta sa toque devant la jeune patricienne.— La belle Victoire est bien matinale aujourd'hui ? Voudrait-elle permettre à son plus humble serviteur de lui servir d'escorte jusqu'aux lieux où elle compte se rendre.

— Je remercie le seigneur Eugène, répondit Victoire, sans plaisir ni colère ; mais avec une dignité froide et noble ; — je désire continuer ma route seule.

— Seule, répéta le romain, en se mordant les lèvres.— C'est ce que je ne puis t'accorder ce matin, belle Victoire,— car j'ai une grâce à te demander, et tu m'écouteras..Tu m'écouteras, jeune fille ! au nom de celui que tu vas visiter si matin, au nom de Valérius...ajouta-t-

il d'une voix aussi basse que si de nombreux
témoins l'eussent entourés lui et Victoire.

Tressaillant à ce nom prononcé de cette
manière, mais tressaillant plutôt de peur que
de plaisir, Victoire s'écria : — Bien qu'aucun
homme depuis la mort de ma mère n'ait fran-
chi le seuil de ma porte, viens chez moi, Eugène, viens, je t'écouterai. — Et donnant ordre
à ses porteurs de rebrousser chemin, Victoire
referma les rideaux de sa litière qu'Eugène accompagnait en faisant caracoler son fougueux et
superbe cheval des Gaules.

III.

LA DEMANDE EN MARIAGE.

En descendant de sa litière, Victoire qui n'avait plus dit un mot pendant le reste de la route, sans accepter la main qu'Eugène lui tendait pour entrer chez elle, le précéda jusqu'à la porte de l'atrium, grande salle pavée de mosaïque; puis, le priant de l'attendre un instant, elle l'y laissa seul.

Courant en grande hâte au fond de ses appartements les plus éloignés, elle se précipita halletante dans sa salle de bain. — Laisse tous ces préparatifs, Maria, dit-elle à une esclave gauloise qui faisait chauffer l'eau du bain, tout en préparant l'huile de Mythilène parfumée avec

des herbes du Liban, pour humecter les cheveux de sa jeune maîtresse :— Laisse tout cela
et cours chez le vénérable Valérius; un grand
danger le menace; qu'il fuie, qu'il quitte Rome!
Conduis-le à une de mes maisons de Baya ou
de Pouzzoles., vas..vîte..vas, ma nourrice ché-
rie... Oh! Dieu des Chrétiens, sauvez les jours
de mon second père, du guide de mon enfance.
—Tes ordres seront exécutés, chère fille de mon
âme, répondit l'esclave se préparant à partir ;
je t'avais vue rentrer au logis avec Eugène, je
devais m'attendre à quelque malheur! En achevant ces mots, les deux femmes se séparèrent;
l'une, par un passage secret, sortit de la maison;
l'autre se rendit, encore toute émue, à l'atrium
où l'attendait Eugène.

— Maintenant, dit la jeune fille, en saluant
son hôte et en l'invitant à prendre place sur un
lit de pourpre, je viens savoir quelle grâce peut
avoir à demander à une enfant pauvre et igno-
rée comme moi, le brillant, le riche Eugène,
le favori de Cnéus, Mettius, Quintus, Traja-
nus, Décius.

—Jeune fille, répliqua Eugène, ne pouvais-tu d'un seul mot nommer l'empereur,—l'empereur Dèce qui ne doit sa pourpre, ni à sa naissance, ni à ses richesses, mais bien à sa seule et incontestable valeur ?— Je suis loin de nier le mérite de Dèce, répondit Victoire, je lui voudrais, pour le salut de son âme, un peu moins de valeur, un peu plus d'humanité.

—Je reconnais là l'élève d'Arcadius, Victoire, dit Eugène d'un ton qui fit pâlir la jeune fille et la rendit froide des pieds à la tête.— Mais laissons l'empereur Dèce et Arcadius, reprit-il, en essayant de donner à sa voix les plus douces et les plus caressantes modulations.—Mon intention, ô jeune fille, n'est point de t'effrayer, mais bien au contraire de t'attendrir en ma faveur. Victoire, j'ai 23 ans, et outre la faveur immense dont je jouis à la cour, j'ai d'immenses richesses. Je possède deux maisons aux Esquilies, une au Palatin; j'ai la plus riante villa d'été, dans la délicieuse Caprée, nommée à si bon droit, *la ville de l'oisiveté*. J'ai de plus un domaine considérable en Sicile, près de Syracuse; une forêt considérable de chênes et de pins dans la Gaule Cisalpine; trois chars à deux roues, dix paires de bœufs, quatre chevaux des Gaules; j'ai encore vingt paires de gladiateurs, trois lions numides, cinq tigres, et j'ignore le nombre de mes esclaves.—Puis, voyant que Victoire l'écoutait silencieuse et froide, il ajouta :

—Sois ma femme, Victoire, je t'en prie, et nulle romaine, même du sang royal, ne pourra égaler ton luxe et ta magnificence. Tes tuniques seront du plus beau lin de Canuse; j'attacherai à tes beaux pieds, des cothurnes aux liens d'argent; j'entourerai tes bras blancs, de bracelets syriens, et tu auras tous les matins les couronnes de fleurs les plus rares, pour orner tes magnifiques cheveux noirs, ô Victoire; mais tu m'écoutes à peine, jeune fille, et tes regards distraits semblent mesurer l'espace qui nous sépare de ta maison, comme si tu avais hâte d'y rentrer et de me quitter. La demande que je fais de ta main ne peut pourtant pas te déplaire, il me semble.

—Elle m'honore au contraire infiniment, répondit Victoire, s'inclinant avec modestie; mais, mon intention est formelle de ne pas me marier, c'est pourquoi je refuse ta main... Eugène. —Tu refuses, s'écria le jeune patricien, dont la colère décomposa subitement le beau visage!—tu refuses!..Sais-tu, Victoire, que ma vengeance peut être aussi grande que mon amour est grand? Sais-tu que je connais le but de tes promenades matinales? Sais-tu que d'un mot je peux faire enfoncer la maison de celui que tu me préfères, le faire prendre lui-même et lui faire souffrir les plus cruels traitements?.. Tremble, Victoire, pour lui comme pour toi!

—Tu connais...dit Victoire en pâlissant, et l'émotion l'empêcha de continuer!...

—Ah! tu as peur?..lui dit Eugène avec un sourire de joie féroce.—Moi? dit Victoire relevant la tête avec fierté.—Mais soudain et comme si elle eut changé d'idée, elle ajouta tristement: et quand même j'aurais peur! le beau mérite, seigneur, pour te vanter d'effrayer un enfant!

—Un enfant qui me brave! qui refuse ma main, ma fortune, mon nom!—Si c'était pour accepter la main d'un autre, tu aurais raison de m'en vouloir, Eugène, reprit Victoire avec douceur... — Victoire, dit Eugène, regardant la jeune fille entre les deux yeux, penses-tu que j'ignore le motif qui te conduit tous les matins, dans une maison isolée, sur les bords du Tibre, chez un nommé Valérius ? Tremble pour lui et pour toi, Victoire. Victoire fit un mouvement comme si elle allait tomber à la renverse; elle se retint aux coussins de son siège.

—Que voilà bien, s'écria-t-elle, le favori de Dèce, l'adorateur des faux dieux ! Ils mettent l'un et l'autre leur gloire à persécuter d'inoffensifs et de saints personnages, à les tourmenter, et c'est sur une pauvre enfant comme moi, que toi, Eugène, tu viens essayer ton courage. Que veux-tu, jeune homme ?—mon cœur ! il est à Dieu comme l'âme qu'il a créée ; — ma main ! tu ne l'auras jamais !.. Quant à ma vie, quant à mes biens…ils sont à toi, je le sais, et ne puis et ne veux te disputer ni l'un ni l'autre. Agis donc comme tu l'entendras…Oh ! Eugène, je ne te demande aucune grâce pour moi, aucune pitié ; je t'offense, je le vois;— ne m'épargne pas, épargne seulement les jours d'un homme, d'un vieillard qui ne t'a pas offensé; lui ! que tu ne connais pas, qui ne t'a jamais vu !..—

Accepte ma main, Victoire, dit Eugène, se levant furieux, accepte-moi pour époux, ou.... je te le répète, crains ma colère.

— Je ne crains que Dieu, répondit la jeune romaine, avec une tristesse pleine de résignation; — et si c'est tout ce que tu avais à me dire, ô favori de l'Empereur Dèce, tout est dit. Non, répliqua Eugène furieux, non, tout n'est pas dit, car il me reste à t'apprendre qu'en te quittant, je vais chez l'empereur demander et obtenir un ordre de proscription, et que dans une heure, Arcadius me paiera par ses souffrances l'insulte que tu fais à ma personne et à mon nom!

— Oh! mon Dieu, Dieu des chrétiens! dit Victoire tombant à deux genoux, après le départ d'Eugène, et élevant au-dessus de sa tête ses mains tremblantes et convulsivement agitées; oh! mon Dieu, Dieu des chrétiens! que ta sainte volonté soit faite!

IV.

LES FÊTES DE BACCHUS.

—

Quelque temps avait passé sur cette scène; et Victoire n'ayant plus entendu parler d'Eugène, commençait à se rassurer et à se croire oubliée. Arcadius, averti par elle, avait quitté la ville, et s'était retiré dans un lieu écarté, où il servait librement Jésus-Christ, dans les veilles, l'oraison, et dans tous les autres exercices d'une vie austère et pénitente. Victoire avait de ses nouvelles par sa fidèle Maria. Car la pauvre enfant craignant de compromettre encore par ses visites, la tranquillité du pieux cénobite, se privait de la douceur de s'entendre prêcher par lui les saints évangiles.

Victoire avait perdu ses parents au berceau et avait été confiée, par sa mère mourante, à

Maria, jeune esclave gauloise et chrétienne.
Cette dernière ne s'était attachée qu'à inculquer
de bonne heure, à sa jeune maîtresse, l'horreur
des fausses divinités et la croyance à un seul
et même Dieu. Arcadius, qui vint s'établir à
Rome, prêchant la parole de Jésus-Christ, a-
vait achevé l'ouvrage commencé par Maria.
Victoire atteignit ainsi l'âge de raison, et par
sa naissance et sa fortune, se voyant recherchée
en mariage par tout ce qu'il y avait de jeunes
patriciens à Rome, tous payens, elle s'était
résolue à n'avoir d'autre époux que Jésus-
Christ. Arcadius la confirmait dans cette sage
et louable résolution. Ce fut à cette époque,
qu'Eugène la demanda en mariage, et n'obtint
que le refus que vous savez.

Pendant quelque temps, comme je vous l'ai
dit, Victoire dut se croire oubliée, et elle s'en
réjouissait, lorsqu'un beau matin, il lui arriva
l'ordre de l'empereur d'assister en personne aux
fêtes de Bacchus. Cette cérémonie consistait à
conduire par les rues, les victimes couronnées de
fleurs, à brûler de l'encens en l'honneur des
idoles, et à chanter à la manière des bacchantes.

Lorsque le papyrus, qui contenait cet ordre, arriva à la jeune romaine, elle était seule avec Maria. Après l'avoir lu, elle le passa silencieusement à son esclave, qui le prit, le lut et poussa un grand cri.

—Iras-tu ? lui demanda-t-elle, en tremblant à la fois de la double crainte, et de l'y voir aller, et des persécutions que son manque d'obéissance allait attirer sur sa tête...Victoire sourit tristement.—Non—dit-elle; et il n'y avait dans la réponse de cette jeune fille, ni dans le regard qui l'accompagnait, aucune forfanterie, rien d'exalté.—C'était une résolution, une résignation inébranlable. Elle alla se mettre en prière tout de suite après.

Elle était depuis un moment en oraison, lorsque la porte de l'endroit où elle s'était retirée fut ouverte brusquement, et Eugène se présenta à elle.—Eh quoi ! lui dit-il, affectant de ne pas remarquer la sainte indignation que sa venue inopinée avait excitée sur le beau visage de Victoire.—Eh quoi ! lui dit-il, l'heure du sacrifice a sonné, et tu n'es pas prête. Où sont les guirlandes de fleurs qui doivent orner tes magnifiques cheveux, où est la bacchante échevelée qui doit conduire les victimes?—C'est ailleurs que tu dois la chercher, Eugène, répondit la jeune fille.—N'as-tu pas reçu l'ordre de l'empereur qui t'ordonne d'assister à la cérémonie, dit Eugène d'un ton superbe?

—Oui, mais j'ai reçu aussi l'ordre de mon Dieu, de ne pas y aller, dit Victoire avec douceur, et je n'irai pas.—Une seule chose peut t'empêcher d'y aller, répliqua Eugène,—c'est d'accepter ma main, de devenir mon épouse.— Tu refuses! ajouta le jeune romain avec dépit. Sais-tu à quoi ton double refus t'expose?

—Je le sais, dit Victoire sans s'émouvoir. —Sais-tu que les licteurs viendront te chercher jusque dans tes appartements les plus reculés. —Je le sais, dit encore Victoire.

—Qu'ils te traîneront devant le juge; et que là, tu auras à rendre compte de ta conduite. — Je le sais, répondait toujours Victoire, calme et digne. Eugène reprit, perdant tout-à-fait sa faconde: — tu te fies sur ta jeunesse, sur ta beauté, pour attendrir les juges; tu te trompes, Victoire; les juges n'ont ni yeux ni oreilles. Ils sont impitoyables. Vas le demander à Arcadius qui est dans ce moment devant eux.

—Arcadius ! s'écria Victoire pleine d'effroi.

—Arcadius est pris ; hier on a cerné sa maison et on a saisi un homme qui s'y tenait caché ; cet homme ne peut être que lui, dit lentement Eugène.

Victoire sourit, et l'effroi qui glaçait son visage se dissipa peu-à-peu.

—Est-ce que celui qu'on aurait saisi et conduit en prison ne serait pas Arcadius ? demanda Eugène en pâlissant à son tour.—Au même instant, et avant que Victoire ait eu le temps de répondre, Maria se précipita dans la chambre ; son visage était baigné de larmes, elle s'écria :

—Malheur, malheur, trois fois malheur ! Arcadius est pris ; il s'est livré lui même.

—Comment ! lui demanda Victoire éperdue et oubliant la présence d'Eugène, comment ! explique-toi.

—Hélas ! répondit Maria en pleurant à chaudes larmes,—hélas ! hier, la maison d'Arcadius fut investie par des soldats ; ils n'y trouvèrent qu'un parent de notre vénérable ami ; cet homme

mit tout en usage pour justifier l'absence d'Arcadius; mais les soldats, au lieu de se rendre
à ses raisons, l'ont conduit devant le juge,
qui l'a fait jeter en prison, avec ordre de ne le
délivrer, que lorsqu'il dirait où son parent est
caché.—Je savais cela depuis hier, ma chère
enfant, ajouta l'esclave, et je n'ai rien voulu te
dire, pour ne pas te causer de l'inquiétude;
mais voilà qu'aujourd'hui, Arcadius instruit du
danger que courait son parent, s'est montré
dans la ville. Je viens de le rencontrer qui allait lui-même se livrer aux juges.

En entendant ces dernières paroles, Victoire
saisit son voile qu'elle jeta sur sa tête, et sans
dire un mot, s'élança en toute hâte et à pied,
hors de son logis.

IV.

MARTYRES.

Victoire arriva chez le juge en même temps qu'Arcadius. Silencieuse et timide, elle se glissa parmi le groupe de chrétiens qui accompagnait le pieux cénobite.

— Si c'est à cause de moi, dit Arcadius au juge, que tu retiens mon parent dans les fers, accorde lui la liberté. Je suis cet Arcadius, l'unique cause de sa détention. Je viens te déclarer qu'il ignorait le lieu de ma retraite, et je satisferai en personne à toutes les questions que tu voudras me faire. — Je vous pardonnerai à tous deux, répondit le juge, mais à condition que vous sacrifierez aux dieux ! — Qu'oses-tu me proposer, répliqua Arcadius ! —

Connais-tu les chrétiens et crois-tu que la crainte
de la mort soit capable de leur faire trahir leurs
devoirs ? Jésus-Christ est ma vie! et la mort
m'est un gain. Invente le supplice qu'il te plaira,
—jamais je ne serai infidèle à mon Dieu.

Irrité au dernier point, le juge imaginant abattre
la superbe arrogance de ce chrétien, fit apporter
devant lui les plombeaux, les ongles de fer, les
chevalets, enfin tout l'appareil effroyable du supplice, et voyant qu'Arcadius regardait ces ap-
prêts avec l'impassibilité que donne le courage
divin, il dit aux bourreaux :—Saisissez cet impie,
faites-lui voir, faites lui désirer la mort, sans
qu'il puisse l'obtenir de long-temps. Coupez les
jointures de ses membres, l'une après l'autre,
et cela avec tant de lenteur, qu'il apprenne ce
que c'est que d'abandonner les dieux de ses
ancêtres pour adorer une divinité inconnue.

Aussitôt ces paroles prononcées, les bourreaux se saisirent d'Arcadius et le traînèrent au
lieu où plusieurs autres victimes avaient déjà
été égorgées pour le nom de Jésus-Christ, et là,
les bourreaux accomplirent fidèlement les ordres
barbares qu'ils avaient reçus du juge. Le mar-

tyr donnait ses membres les uns après les autres, témoignant une patience héroïque, et ne
cessant de prier Dieu. — Heureux membres,
disait-il, les voyant dispersés, c'est à présent
que vous m'êtes chers, puisque vous apparte-
nez véritablement à mon Dieu, auquel vous
avez été offerts en sacrifice.

Puis, sentant la mort s'approcher, il ajouta:
— Mourir pour Dieu ? c'est vivre; — souffrir
pour lui, c'est être dans les délices. — Et il
expira doucement, au milieu des assistants, qui
tous, chrétiens comme payens, avaient les
larmes aux yeux.

Comme il rendait le dernier soupir, Eugène
arriva sur le lieu du supplice, cherchant avec
inquiétude autour de lui. Il ne tarda pas à remarquer une jeune fille voilée et privée de sentiment, que des matrones entraînaient. — Il
s'élança vers cette jeune fille et reconnut Victoire. Victoire reprenait connaissance au moment où Eugène s'approchait d'elle. Il voulut
lui parler, elle s'éloigna avec horreur; il la suivit, et la vit, non sans étonnement, entrer chez
les juges.

—Une sainte victime vient d'expirer sous les coups de tes bourreaux,—dit-elle, en arrachant le voile qui lui cachait le visage; — s'il t'en faut une autre, prends-moi, je suis chrétienne!— Imprudente, répondit le juge, abjure ces paroles; une exaltation fanatique t'inspire.—Vois ce jeune patricien qui sollicite ta main, accepte-la, ô jeune fille, et vas sacrifier aux idoles, en implorant le pardon de ton impiété.

—Je vous dis que je suis chrétienne, répéta Victoire avec fermeté.

Croyant l'intimider, le juge ordonna à un de ses soldats de la menacer de sa lance, et celui-ci ayant posé la pointe du fer à l'endroit du cœur de Victoire,— le juge la pria une troisième fois de rétracter ses paroles et d'épouser Eugène.

Comme elle refusait en répétant qu'elle était chrétienne, le soldat enfonça sa lance, et la sainte tomba morte du coup. La fête de cette sainte se célèbre le 23 décembre.

FIN.

JACQUES COOK.

1728.

JACQUES COOK.—1728.

I.

PORTRAITS.

—

—Vingt et un, vingt-deux, vingt-trois....
C'est singulier! le compte ne s'y trouve pas encore; recommençons.

Et, sans s'émouvoir le moins du monde,
Robert Kennedi se remit à compter son argent.
Robert Kennedi était un riche marchand mercier de la petite ville de Staith, près Newcastle;
âgé à peu près de cinquante ans, et ayant vieilli

toujours assis dans le comptoir de sa boutique.
Kennedi était pourvu d'un embonpoint excessif,
mais inégalement réparti : il avait le haut du
corps si épais et le bas si grêle, que ses petites
jambes, en partie dissimulées par son abdomen,
donnaient à son individu l'apparence de ces joujoux appelés *poussah*, qui n'ont qu'un ventre
surmonté d'une tête, et qui, posés à terre, ne
peuvent ni garder ni perdre leur équilibre. Quant
à sa figure, c'était bien la plus drôle de figure
que vous puissiez voir : le front pointu et couronné d'une petite houppe de cheveux gris, les
yeux en dehors et ronds comme ceux d'un
bœuf, le nez finissant par une loupe monstru-
euse qui cachait une partie de la bouche, puis
le menton extraordinairement allongé, comme
tous les mentons anglais. Toutefois, sur ce visage grotesque, se lisait comme un air de si honnête candeur, de si touchante bonhomie, que
cet air désarmait la moquerie la plus maligne et
donnait envie de plaindre plutôt que de criti-
quer le pauvre marchand mercier. Ensuite il
était gai, et la gaîté, comme on sait, est une
disposition qui se communique : Kennedi riait

si plaisamment de lui-même, qu'il ôtait aux
autres l'envie d'en rire. Du reste, simple comme
un enfant, étourdi comme un écolier, confiant
jusqu'à être dupe, il n'y avait dans toute la
ville de Staith qu'une seule personne qui eût
le courage de le contrarier ou de lui reprocher
ses défauts moraux et physiques : c'était sa
femme. Et cependant mistriss Kennedi n'était
pas méchante, mais maladive, et la maladie
aigrit le caractère. Grande, sèche, blonde, ou
pour mieux dire rouge, obligée depuis son
mariage de veiller continuellement aux intérêts
de son commerce ou de réparer les bévues que
la faiblesse de son mari occasionait à chaque
instant, cette dame avait acquis une aigreur
de ton, une raideur de manières, un fausset
de voix qui la rendait en tout l'opposé de son
mari. Aucun enfant n'était venu occuper et a-
doucir le caractère irritable de mistriss Kennedi.
Quelquefois elle s'en réjouissait en disant : — Ce
serait un tourment de plus sans doute ; — mais
souvent aussi elle regrettait que le ciel n'eût
pas béni son union ; elle répétait en soupirant :
— Ah ! si du moins j'avais une fille ! cette chère

5

enfant me seconderait; ou un fils, il aiderait
son père!... Fils ou fille, n'importe, comme je
l'aimerais! - Puis, cachant sous un air brusque
cette plaie qui lui saignait au cœur, elle essayait
de s'en distraire, soit en querellant sa servante
ou sa demoiselle de boutique, soit en cherchant noise à son mari, ou bien en essayant
de trouver en faute un garçon de magasin pris
depuis peu à son service.

Or, le jour où Robert Kennedi, assis devant
son comptoir, comptait pour la trentième fois
au moins son argent éparpillé en monnaie de
toute espèce dans le tiroir de son bureau, c'é-
tait un dimanche du mois de juin 1741 : —
Vingt et un, vingt-deux, vingt-trois, — répétait-il, lorsque la voix criarde de sa femme,
passant à travers le *judas*, qui du premier étage permettait d'apercevoir ce qui se passait au-
dessous, l'interpella en ces termes :

— Robert!... eh bien! Robert.., que faites-
vous donc depuis deux heures à la boutique?
—Quand j'y serais depuis trois! ma bonne a-
mie, - répondit le marchand sans discontinuer
son compte;— il faut bien que je régularise ma

caisse... Vingt-cinq, vingt-six...

—Vingt-sept, vingt-huit! cria la femme sur son ton le plus élevé; — vous l'acheverez plus tard... Il est bientôt midi, il faut aller à l'office... Quittez votre argent et venez vous habiller... — Mais, ma toute bonne Bella, — reprit le marchand d'une voix piteuse, c'est qu'il me manque de l'argent.

La mercière ne fit qu'un saut de sa chambre à la boutique; son châle, à moitié attaché, traînait accroché par une épingle à une de ses épaules, comme un manteau romain qu'on aurait oublié de draper.— Il vous manque de l'argent, Robert? voyons ça, — dit-elle toute émue et forçant d'un geste impératif son mari de lui céder sa place, —voyons ça.....

—Prenez donc garde, mignonne, prenez donc garde; vous avez pensé m'écraser entre le comptoir et le mur; vous avez la main leste, Bella.— C'est que votre air tranquille me met hors de moi,—reprit mistriss Kennedi;—il y a deux heures que vous êtes à votre caisse, donc il y a deux heures que vous savez qu'il vous manque de l'argent, et depuis ce temps

vous auriez dû mettre déjà toute la maison en
révolution.—Et qui veux-tu que je mette en révolution, mon ange? la cuisinière est au marché, Charlotte chez sa tante et Jacques Cook
en commission. Il n'y a que nous deux au logis; moi, je ne m'y mets jamais en révolution...
je hais les révolutions; et toi..... ce n'est pas
pour toi que je dis ça, mais toi, ma douce
compagne, on n'a pas besoin de t'y mettre.—
C'est-à-dire, répliqua avec volubilité la douce
compagne,—que j'y suis toujours... Achevez,
monsieur, achevez, ne vous gênez pas... Pourquoi ne pas dire tout de suite que je suis un
démon, un diable incarné, une mégère, que
je ne vaux rien, que je ne suis bonne à rien,
que je ne m'occupe de rien?... Non, c'est
Jenny, votre cuisinière, n'est-ce pas? qui est
un trésor, ou votre demoiselle de boutique, la
fine mouche qui ne parle guère, mais qui n'en
pense pas moins; ou peut-être voulez-vous me
citer votre garçon miraculeux, le petit Cook.
Ah! c'est celui-là qui est un bon sujet: il ne fera jamais rien, c'est moi qui le prédis...

— Doux... doux... doux... voyons ne t'émeus pas... Nous savons tous ici que c'est toi qui fais tout..., que sans toi tout irait mal, et que si tu ne passais pas cent fois par jour à la cuisine, le bœuf serait brûlé et le plum-puding manqué.

Ici mistriss Kennedi regarda son mari d'un œil qui semblait dire : «Vous moquez-vous de moi?» Mais la bonhomie répandue sur le visage de son mari et dans le son de sa voix, démentait si bien cette supposition, que la brave femme rebaissa les yeux sur le tiroir, et remplissant ses mains d'argent, elle dit seulement : — Combien doit-il y avoir en caisse ?—Vingt-cinq livres sterling et quelques schellings.. je crois.. Vous n'êtes donc pas sûr de votre compte ? — Pas précisément, mon adorable.

Voulez-vous bien laisser de côté vos adjectifs, Robert, et me répondre catégoriquement...... Vous me faites bouillir le sang. — Du reste, qu'importe, Arabella? il n'y a pas de voleur dans la maison; si donc je ne trouve pas mon compte, c'est que j'aurai mal calculé. — Et comment savez-vous qu'il n'y a pas de voleur dans la maison? répliqua mistriss Kennedi, regardant fixement son mari.—C'est vrai, dit Robert en réfléchissant; — pourtant, comment prendrait-on de l'argent dans ce tiroir?

— Le beau miracle! la clé y est continuellement attachée, dit la mercière. — Oui, mais la boutique ne reste jamais seule; il y a toujours ou vous, ou moi, ou Jenny, ou Charlotte, ou le petit Jacques Cook. —Eh bien, après?

— Quoi? ma chère, vous voudriez!... s'écria le mercier avec indignation, — vous supposeriez que Jenny, ou Charlotte, ou Jacques.... Non... non.., mistriss Kennedi, vous injuriez ces pauvres petites, ce pauvre enfant!.. Il faudrait que je le visse pour le croire, mistriss Kennedi...—Taisez-vous donc; vous vous vantez, mon cher; vous le verriez que vous ne le croiriez pas... Vous êtes fait d'une pâte exceptionnelle.... allez...

— Ecoutez donc, ma femme, pour accuser quelqu'un d'un vol, cependant...—Et le brave marchand en était presque pâle.— Et qui vous dit que j'accuse, monsieur Kennedi?.. Du reste, vous savez le proverbe : qui perd pêche...

—Mais encore, qui accusez-vous, Arabella?

—Personne et tout le monde,—répondit Arabella.—Tenez, Jacques fait le comptoir; la plupart du temps c'est lui qui reçoit et paie... que voulez-vous?... je ne puis empêcher ma tête de trotter.

—Soupçonnez-moi plutôt, ma bonne amie, —reprit le mercier d'un air suppliant.... —Mon pauvre Jacques... mais savez-vous quelle est sa famille, mistriss Kennedi? Et pendant que mistriss Kennedi, peu occupée des paroles de son mari, comptait son argent et réfléchissait au moyen de découvrir le voleur, celui-ci poursuivait avec la chaleur de son âme candide.

—Jacques Cook est le fils de Thomas Cook, de Marton, village du comté d'York. Il servait dans une ferme de ce village; pauvre, mais honnête, entendez-vous? chargé de neuf enfans et sans aucun moyen de leur donner la moindre éducation, lorsque sir Thomas Skottow (que vous connaissez, mistriss Kennedi, qui nous fait toujours l'honneur de venir choisir ses gants de daim dans notre magasin), sir Thomas Skottow, entendant vanter la probité du père Cook, lui confia la direction des travaux d'une

de ses fermes (car sa seigneurie est un riche
propriétaire , Arabella), de sa ferme de Airy-
Holme , Jacques n'avait alors que huit ans ;
mais il était si joli, si spirituel, si gracieux que
sa seigneurie le prit en affection ; il lui fit apprendre à lire et à écrire dans l'école d'Aiton ;
puis, quand Jacques sut lire et écrire, il me
l'amena pour qu'il apprît un état; il me l'a recommandé dans les termes les plus pressants,
et vous voudriez l'accuser de vol!... Oh! par
pitié, Arabella, n'en faites rien; le fils d'un
honnête homme ne peut être un voleur.

—Un moment, Robert, un moment; moi
je veux savoir si je suis volée et qui me vole...
et j'y pense... j'ai un bon moyen pour cela....

de treize ans qui traversait la rue.—Jak, Jak, lui cria mistriss Kennedi, d'où venez-vous, et où allez-vous?

—Je viens de chez mistriss Pearce, lui rapporter ses gants, qu'elle avait oubliés hier dans l'arrière-boutique en prenant le thé, et maintenant, si vous le permettez, j'irai un peu me promener.—Précisément, je ne le permets pas, —répondit la maîtresse : — il n'y a personne au logis, le logis ne peut rester seul.

—Mais en fermant soigneusement la porte, ma bonne, — se hâta de dire le bon mercier, — Jacques pourrait aller entendre l'office; le magasin n'a pas besoin de lui aujourd'hui. Un enfant, vois-tu, ça a besoin d'air... de mouvement.—Je ne veux pas que le logis reste seul,—répliqua sèchement la mercière,—et il peut s'y donner de l'air et du mouvement tout à son aise.

Cette phrase ferma la bouche au maître et à l'apprenti. L'un offrit le bras à sa femme, l'autre regagna tristement la maison.

- Je ne veux pas que le logis reste seul!— répéta Jacques Cook en refermant sur lui la

porte de la rue;—qu'a-t-elle donc peur, mistriss Kennedi; que le logis s'ennuie?... Hélas!
c'est bien plutôt moi qui m'ennuie... Passer ma
vie à vendre du fil, des aiguilles, auner du ruban,
de la gaze..Allons, chut, Jacques, tais-toi; tu n'es
qu'un vaniteux, qu'un ambitieux, comme t'a dit
hier M. le ministre... Moi... le fils d'un pauvre
paysan... qui devrais me trouver trop heureux
de savoir lire et écrire!... Ah! oui, c'est vrai
que je suis heureux de savoir lire... la lecture,
ça me console de ma misère bien souvent. Mon
cher protecteur, sir Thomas Skottow, soyez
béni mille fois pour vos bontés envers le pauvre
petit paysan.

Un peu ranimé par le sentiment de sa reconnaissance, le jeune Cook jeta un regard dans le
magasin. — Quel désordre, — dit-il en voyant
plusieurs cartons ouverts; — voyons, rangeons
cela.

Entonnant une chanson anglaise, Jacques
Cook se mit en devoir de tout remettre en ordre. En allant et venant du comptoir à la montre où étaient étalées les marchandises, Jacques
passa une fois entre le bureau de la dame du

II.

LE BON MOYEN.

—

—Un bon moyen !—s'écria le marchand tout
troublé,—oh ! ma bonne amie, je t'en supplie,
ne l'emploie pas.

— Etes-vous singulier, Robert ?...—et pourquoi, s'il vous plaît?—Parce que.. parce que..
—dit Robert honteux,—parce que si nous dé-
couvrions le voleur ? oh ! mon Dieu, mon Dieu,
quel embarras ce serait... Ma bonne amie, je
t'en prie... — En vérité, mon cher, vous êtes
fou ; mais écoutez donc mon moyen.

—Pour quelques misérables schellings, faire
de la peine à...

—De la peine à un voleur ! En vérité, Ro-

*

bert; je crois que si on vous assassinait, vous ne voudriez pas qu'on fît de chagrin à votre assassin. — Dam! écoutez... Arabella, dans les causes criminelles, j'ai toujours plaint beaucoup l'homme obligé d'aller déposer contre son semblable. — Il faut que le crime soit puni, — dit mistriss Kennedi avec fermeté, — et mon voleur le sera, s'il me vole...Tenez, vous voyez bien ce beau schelling tout neuf, Robert?...— Oui, après, ma bonne amie?

—Faites-moi passer un poinçon.

—Tenez... qu'en voulez-vous faire? — Marquer ce schelling... là... une croix; elle n'est pas très visible; mais tant mieux, le voleur y sera d'autant plus attrapé. Voilà le compte de l'argent en caisse; je vais l'écrire ici sur mon agenda: 25 livres sterling et 12 schellings. Maintenant allons à l'office, — ajouta-t-elle en refermant le tiroir; —allons, venez donc.—Mon Dieu! fit le pauvre mercier en s'éloignant,— fais que le voleur ne prenne pas le schelling marqué, je t'en supplie.--Et il suivit sa femme tout pensif.

En dépassant la porte du magasin, Robert Kennedi fit un signe d'amitié à un jeune enfant de la porte, la demoiselle de boutique qui ornait la montre, et M. Kennedi qui fumait dans l'arrière-boutique.—Volée, cria la cuisinière en relevant la tête avec insolence !—Volée ! dit la demoiselle de boutique en rougissant; car souvent on rougit du mal qu'on n'a pas fait, mais dont on redoute le soupçon !—Volée ! répéta Robert Kennedi, dans la plus grande consternation.

—Oui, volée, — répéta miss Kennedi, en brouillant son argent et examinant le tiroir dans tous ses recoins,—volée, le schelling marqué a disparu.

—Mon Dieu ! mon Dieu ! — dit le marchand anéanti, - si au moins il en avait pris un autre.

—Mistriss, —dit la cuisinière, s'avançant, son balai posé sur son épaule, en guise de fusil;—j'espère que vous ne soupçonnez personne de votre maison. — Non, non, ma fille,—se hâta de dire Kennedi,—rassure-toi; on est bien sûr que ce n'est pas toi.

Charlotte ne disait rien; mais son regard se leva craintif sur sa maîtresse, puis sur son maître.—Rassure-toi aussi, mon enfant, —reprit

Kennedi, comprenant cette muette interpellation ; — ce n'est pas toi, non plus. — N'importe, ça ne se passera pas comme ça, — dit la cuisinière, grande et forte écossaise ; — madame a dit : « Je suis volée ; » je veux qu'on me fouille... voyez mes poches, ajouta-t-elle en les retournant, et en posant successivement sur le comptoir un vieux mouchoir sale, une paire de ciseaux et quelque menue monnaie de cuivre. — Puis, voilà ma clé, qu'on aille visiter ma chambre pendant que je reste ici. — A son imitation, mais toujours rouge et les yeux baissés, miss Charlotte retourna ses poches, et posa aussi sur le comptoir la clé de sa chambre.

Le mercier s'agitait de l'air le plus peiné du monde.

Eh ! mon Dieu ! Jenny, — disait-il, — on ne vous soupçonne pas, eh ! mon Dieu, miss Charlotte, on n'a aucune mauvaise pensée sur votre compte ; remettez tout dans vos poches et reprenez la clé de votre chambre... Ma femme ne sait ce qu'elle dit en criant qu'elle est volée ; je suis sûr que non, moi !

comptoir, et son fauteuil encaissé dans une niche ; comme il revenait sur ses pas, un peu
vîte peut-être, le bouton de son gilet s'accrocha
à l'anneau du tiroir ; l'anneau tiré vivement ouvrit le tiroir, qui sans doute n'était pas fermé
ou mal fermé, et l'argent rendit un son mé-
tallique qui arrêta net Jacques dans sa marche. — Tiens ! se dit-il tout étonné, — mistriss
Kennedi a oublié de fermer son tiroir. — Disant
ces mots, il s'approcha pour le pousser. — Que
d'argent, — dit-il en le considérant tristement ,
— jamais mon père n'en a possédé autant.

Et il s'apprêtait à rentrer le tiroir, lorsque
le schelling neuf et marqué, qui brillait entre
tous les autres, frappa ses regards.

C'est joli, l'argent neuf, — dit-il en le prenant
et l'admirant, c'est propre, c'est brillant.
Mais j'y pense : le schelling que j'ai mis de
côté pour ma sœur, il est vieux, noir ; si je le
changeais contre celui-ci ?.. Il n'y a pas de mal,
L'UN vaut l'autre, seulement celui-ci est plus
joli, il causera plus de joie à Betty. — Aussitôt, et sans prévoir le moins du monde les
chagrins que cet échange devait lui causer, le

pauvre enfant jeta dans le tiroir son vieux
schelling, mit le neuf dans sa poche et se remit gaîment a l'ouvrage.

III.

LE VOL.

—

Au sortir de l'office, mistriss Kennedi et
son mari avaient tous deux été retenus à dîner
chez la femme du ministre protestant; ils a-
vaient donc passé la journée au presbytère, et
ne rentrèrent chez eux que tard. Mais le lendemain, aussitôt levée, mistriss Kennedi se mit
à son tiroir: à peine l'eut-elle ouvert, à peine
eut-elle jeté un regard dans l'intérieur que,
ne voyant pas son schelling marqué, elle s'écria:
—Je suis volée !
Cette exclamation fortement articulée amena
auprès d'elle la cuisinière qui balayait le devant

—En voici bien d'une autre,—s'écria mistriss Kennedi, pourpre de colère, — et mon
schelling marqué, qui l'a pris? Il ne s'en est
pas allé tout seul, peut-être? En honneur vous
me feriez devenir folle!... A propos, où est
Jacques? ajouta-t-elle en se redressant.

—Il est sorti de grand matin,—dit la cuisinière; il est allé à Newcastle, chez la femme
de ce riche marchand de charbon de terre, dont
je ne peux jamais me rappeler le nom; porter la
marchandise qu'elle a achetée ici, samedi soir;
mais si madame veut visiter sa chambre, elle le
peut; il n'ôte jamais la clé, le pauvre garçon,
et je réponds de son innocence comme de la
nôtre.—Et moi aussi, dit tout bas miss Charlotte, qui n'avait pas ôsé prendre la parole pour
elle, et qui n'hésitait pas à la prendre pour un
tiers.—Et moi aussi, répéta Robert Kennedi,
en levant la main, comme s'il eût été devant
le magistrat.

— Et moi aussi, et moi aussi, — cria mistriss Kennedi, en se dirigeant vers l'arrière-boutique;—moi je ne réponds que de ce que je vois..
Montons, mesdemoiselles. — Ma bonne amie!..

—Marchons, — reprit Arabella, s'avançant vers l'arrière-boutique.--Qu'on ferme la porte du magasin, et que tout le monde me suive.

Aussitôt dit, aussitôt fait ; et le cortége se mit en marche, mistriss Kennedi en tête, et le pauvre mercier fermant la marche, et suivant la tête basse, comme un coupable qu'on va prendre en flagrant délit.

--Par quelle chambre madame veut-elle commencer? demanda la cuisinière.--Par la première venue, par celle-ci, dit sa maîtresse, posant la main sur une clé qui tenait à la porte d'une chambre. C'était celle de Jacques Cook.

Au cri que miss Kennedi poussa en y entrant, tout le monde se précipita dans la chambre.

Sans parler, mistriss Kennedi, pâle et agitée, tenait la main étendue vers une petite table de bois blanc. Un schelling tout neuf brillait sur la petite table de bois blanc en compagnie de quelques menues monnaies de cuivre.

IV.

LE VOLEUR.

———

Le silence de la consternation régnait sur tous les visages.—Robert Kennedi le rompit le premier.—Ce n'est peut-être pas le même, dit-il.

Pour toute réponse la femme prit le schelling et lui montra la marque qu'elle avait faite la veille avec le poinçon.

—Quelle horreur!—dit la cuisinière, et qui aurait dit ça? Un enfant si doux, si aimable qu'on lui aurait donné le bon Dieu sans confession, comme on dit.—Non, fiez-vous donc aux visages, d'après ça! — Pauvre Jacques! murmura miss Charlotte, en essuyant une larme.

— Son compte est bon maintenant, — dit

mistriss Kennedi, remettant le schelling à sa place; — c'est moi qui me charge de démasquer le petit hypocrite... Allons, descendons, et surtout que personne ne l'avertisse, ou autrement je pourrai bien supposer qu'il n'a pas fait le coup tout seul ! —Oh ! la méchante femme ! —ne put s'empêcher de dire Robert Kennedi.—Comme si elle n'avait pas assez d'avoir trouvé un voleur ! Mon Dieu! mon Dieu ! comment tout cela finira-t-il?

Et le cortége redescendit à la boutique, dans le même ordre où il était monté ; seulement M. Kennedi s'attarda un peu dans l'escalier, et chacun put remarquer que son visage avait visiblement perdu l'air de douleur qui, un moment avant, contractait si péniblement ses traits, lorsqu'il reparut dans le magasin.

V.

L'ACCUSATION.

——

A peine chacun eut-il repris sa place, mistriss Kennedi dans son fauteuil encaissée, miss
Charlotte au comptoir en face, Jenny épousse-
tant et M. Kennedi se promenant en long dans
le magasin, que la voix joyeuse de Jacques
Cook se fit entendre ; il chantait une chanson
de marin, que lui avait apprise le batelier d'un
bateau de Newcastle avec lequel il avait lié
connaissance en allant dans cette ville remplir
ses commissions. Mais sa gaîté et sa chanson
s'arrêtèrent net devant les visages courroucés
ou tristes qu'il aperçut en entrant.

--Ah ! vous voilà, petit voleur ! lui dit de

plein abord la maîtresse du logis. Un pourpre
vif colora l'enfant jusqu'aux oreilles; il regarda sa maîtresse stupéfait.—Nie, nie, lui dit le
mercier, passant aussi rapidement derrière l'enfant que sa grosse corpulence le lui permettait.

Aussi étonné de cette parole que de l'apos-
trophe de la mercière, Jacques cessa de regarder mistriss Kennedi, pour lever ses yeux sur
son mari.

—Oui, petit effronté, — cria la mercière, à
qui la colère ôtait toute réflexion; — serpent
que j'ai nourri dans mon sein, et qui profite de
ma bonté, de ma confiance pour sucer mon
sang, c'est-à-dire me voler!—Vous voler, moi!
dit l'enfant, dont une pâleur subite couvrit les
traits.

—Bien! nie, nie, dit encore le mercier,
faisant toujours le manége de passer et repasser
derrière Jacques en lui soufflant le mot à l'oreille.

— Oui, — criait la marchande dont la voix
couvrait toutes les voix;—tu mériterais qu'on
envoyât chercher le constable, qu'on te fît
mettre en prison, qu'on te fît pendre comme
tu le mérites, petit scélérat, qui me voles mon

bien.—Moi! moi!.., dit encore le pauvre enfant, pâle, respirant à peine, et tellement anéanti par cette accusation soudaine, qu'elle lui ôtait même toute présence d'esprit pour se disculper.

—Mais, ajoutait-elle, — je suis bonne et ne veux pas la mort du pécheur; fais ton sac et décampe; va te faire pendre ailleurs. — Mon Dieu! mon Dieu!—dit Jacques en passant la main devant ses yeux, de l'air de quelqu'un qui n'est pas bien éveillé; — mon Dieu! mistriss; mais est-ce à moi que vous parlez?..... Est-ce moi que vous appelez voleur?—Et qui donc, petit hypocrite? — répondit Arabella; — qui donc autre que toi m'a dérobé mon argent, mon schelling tout neuf, que j'avais marqué, que j'ai trouvé là-haut sur ta table, et que j'y ai laissé pour te confondre?

—Hum! hum!— fit M. Kennedi, passant son doigt dans la poche de son gilet,—nie donc, petit imbécile, nie donc...—Heim!—dit la femme, se levant toute droite; — est-ce que vous croyez que je suis sourde, monsieur Kennedi, ou aveugle, ou tombée en enfance? D'où vient que vous conseillez à cet enfant de nier, lorsque je n'ai besoin que de faire un pas pour lui prouver son vol.—Mistriss Kennedi, cria Jacques, les yeux étincelants d'indignation, — il n'y a jamais eu de voleur dans ma famille ; savez-vous ?— C'est ce que ton père ne pourra pas dire aujourd'hui, mauvais sujet ! nieras-tu m'avoir volé hier un beau schelling tout neuf ? —Quoi? le schelling qui était dans le tiroir? dit vivement Jacques.

—Ah ! tu en conviens donc ! reprit vivement Arabella...— Nie donc, petit imbécille, je l'ai dans ma poche, lui dit presque haut le pauvre mercier, impatienté de voir ses signes perdus. —Ah ! vous l'avez pris !—répondit la mercière ; --je vous reconnais bien là ; vous n'en faites jamais d'autres, et les voleurs auront beau jeu , si jamais vous êtes magistrat.--Ecoute, ma bonne amie,--dit le marchand, posant le schelling sur le bureau;--je ne veux faire de peine à personne, moi ; ce qui n'empêche pas, Jacques, que vous n'ayez commis là une bien méchante et vilaine action : prendre le bien d'autrui est un crime. Si tu avais envie ou besoin

d'un schelling, pourquoi ne pas me le demander? je te l'aurais donné de bon cœur; mais
prendre, mais voler!... oh! Jacques!

— Monsieur, mon maître, — dit Jacques,
fondant en larmes, je l'ai pris, mais je ne l'ai
pas volé.—Ah! vraiment.., prendre n'est pas
voler, dit ironiquement mistriss Kennedi.— Non,
madame, répondit l'enfant, tremblant de tous
ses membres et la parole entrecoupée par ses
sanglots,—non, madame, j'en ai mis un autre
à la place; comptez votre argent... le compte
doit y être... voler... moi, Jacques Cook, voler!... Oh! madame, comment avez-vous pu
le croire?—Je le savais bien, moi, je le savais
bien,—s'écria Robert, s'élançant sur le bureau,
pendant que, toute interdite, mistriss Kennedi
avait ouvert son tiroir et comptait son argent,
— je le savais bien que cet enfant n'était pas
coupable... Eh bien! femme, le compte y est-il?
— Oui, dit la femme consternée.

La joie revint sur tous les visages, excepté
sur celui de Jacques; ses larmes coulaient en
abondance.

Voler... — répétait-il suffoqué... — on m'a

6

pris pour un voleur... Faites-moi mon compte, madame, que je m'en aille,—reprit-il, en relevant sa tête avec fierté ; — je ne resterai pas une heure de plus ici.—Voyons, Jacques, - dit mistriss Kennedi, allant à l'enfant, pendant que son mari essuyait du revers de sa main une grosse larme qui coulait le long de sa joue,— calme-toi, je suis en vérité très peinée de ce qui s'est passé... Je t'en demande pardon, Jacques ; calme-toi... je m'amende. Que te faut-il de plus ? — Il n'y a ni excuse, ni pardon, madame, qui puisse faire que vous ne m'ayez pas soupçonné : faites-moi mon compte, vous dis-je, que je vous quitte sur l'heure.—Eh quoi ! Jacques, — dit à son tour le pauvre mercier tout attendri,— tu ne veux pas entendre raison, tu ne veux pas comprendre...

—Ainsi donc, — continua Jacques, sans écouter son maître, — si par hasard madame avait mal compté, ou que moi, hier, en faisant ouvrir le tiroir avec le bouton de mon gilet, j'eusse fait tomber un schelling à terre, que ce schelling se fût enfoui dans quelques fentes de planches et qu'on ne l'eut pas retrouvé, j'au-

rais passé toute ma vie pour un voleur. Oh !
madame...—Tu m'en vois toute peinée, Jacques,—reprit mistriss Kennedi;—maudit schelling, quelle malheureuse idée j'ai eu de le marquer!... Aussi, c'est toi, Robert, qui m'as
tourné la tête, en me disant depuis long-temps
que tu ne trouvais jamais ton compte d'argent.
—Ainsi donc, depuis long-temps l'on me soupçonnait,—dit Jacques,—avec la véhémence du
désespoir, et je suis resté dans une maison où
l'on me soupçonnait, et je riais et je chantais
pendant qu'on disait: « C'est peut-être un voleur, cet enfant-là !.» et qu'on se méfiait de moi.
Adieu, madame.

Disant ces mots, Jacques passa froidement
devant la mercière et disparut dans l'arrière-
boutique.

Mistriss Kennedi et son mari se regardaient
stupéfaits du caractère que déployait cet enfant,
lorsqu'on le vit reparaître un paquet à la main.

Examinez mon paquet, madame, —dit-il,
en l'ouvrant et l'étalant sur le bureau; — il n'est
pas gros ; voici la culotte et le gilet que j'avais
en entrant chez vous;—et mon linge, voyez !

c'est celui que ma pauvre mère a cousu de ses
mains.—Ce foulard, c'est vous qui me l'avez
donné; je vous le rends... je ne veux rien emporter de vous; celui-ci est de mon maître; je
le garde, dût-on encore m'accuser de l'avoir
volé... Oh! ce mot... ce mot!.. - Tu es un méchant, Jacques, — reprit doucement mistriss
Kennedi, — sans indulgence pour une pauvre
vieille femme qui t'a insulté, c'est vrai, mais
qui s'en repent.— Je ne vous en veux pas, mistriss Kennedi. Tout est dit entre nous; je ne
vous dois rien, vous ne me devez rien; adieu,
mistriss Kennedi; adieu, mon bon et excellent
maître; voulez-vous me toucher dans la main,
miss Charlotte, et vous aussi, miss Jenny?
Ah! pardon, monsieur Kennedi, j'oubliais
maintenant que je sais qu'on peut prendre un
pauvre enfant pour un voleur; je vous prie de
me faire un certificat de probité et de fidélité.

Tout en soupirant, M. Kennedi s'assit à son
bureau et ouvrit un tiroir placé directement
sous le tiroir à l'argent; il voulait prendre une
feuille de papier; et dans son trouble, il la prenait, la reposait, en choisissait une autre, la

reposait encore, et fourrageait ainsi tout ce qui se trouvait dans le tiroir; enfin il en prit une, et quel fut son étonnement en voyant un schelling tomber de ce papier.— C'est singulier, dit-il, je n'ai pas l'habitude de mettre de l'argent dans ce tiroir;—puis il voulut ramasser cette pièce, mais elle s'était faufilée entre les papiers, et en la cherchant, il posa la main sur plusieurs.

—Arabella,—dit-il à sa femme,—est-ce toi qui as mis cet argent là?

—Quelle idée, dit Arabella...; — c'est bien plutôt toi; tu es si étourdi.

—Il y a plus d'un mois que je n'ai ouvert ce tiroir, ma bonne amie!

—Quel trait de lumière! — s'écria mistriss Kennedi, courant palpitante auprès de son mari;—je parie que le tiroir à l'argent a quelques planches mal jointes par où l'argent passe, et file dans celui qui est dessous.—C'est vrai,— dit le mari avec joie...—Oh! quel bonheur, mon pauvre Jacques..., ajouta-t-il, ça me fait plus de plaisir qu'à toi.—Moi, ça m'est bien égal, répondit Jacques, avec une insouciance affectée.— Et prenant des mains de son maître le certificat qu'il lui donnait, il salua, et sortit froidement du magasin : mais à peine eut-il fait quelques pas hors de la ville, que son impassibilité l'abandonna ; il s'assit sur une pierre et fondit en larmes.

—Où aller ?... dit-il, en tournant ses regards désolés sur la grande route de Newcastle.

VI.

LE VIEUX CURÉ.

—

Comme Jacques Cook était encore assis, les yeux toujours fixés sur la grande route, et ne se décidant pas à se lever, le pauvre enfant, ne sachant de quel côté tourner ses pas, un vieux curé desservant une petite cure vint à passer.

Voyant un enfant si jeune, et dont la physionomie paraissait si triste, le curé s'approcha de lui.—Puis-je vous être utile , mon enfant?—lui dit-il.—Ignorez-vous votre chemin , ou vous reposez-vous seulement de la fatigue d'une route trop longue pour vos forces ?—Non, monsieur le curé, — répondit l'enfant tristement ;—mais je sens seulement à présent que j'ai fait un coup de tête ce matin , et je m'en repens. — Il est peut-être possible de le réparer, lui dit le curé, en s'assayant sur la même pierre. — Je ne le crois pas, monsieur le curé, et puis, je n'en aurais pas le courage.

Et la figure du curé excitait si bien la confiance, que Jacques Cook lui raconta l'aventure du schelling marqué.

— C'est un grand malheur qui m'est arrivé là , monsieur le curé , ajouta Jacques en finissant. — Qui sait , répliqua le curé ; — la Providence a des voies si cachées , mon enfant , que bien fou est celui qui juge l'avenir sur les événements présents. — Le ciel vous destine peut-être à devenir autre chose qu'un mercier , — bien qu'aucun état ne soit au-dessous de l'homme.—Votre confidence que je dois à mon habit et à mon caractère , il est vrai , vous a fait de

moi un ami ; permettez que j'en prenne le titre
pour vous conseiller de retourner chez vos parents.

—Ma mère est morte; mon père a huit enfants à sa charge, monsieur le curé; je ne puis
aller lui en porter un neuvième.—Que ne vous
adressez-vous alors à votre protecteur, à sir
Thomas Skottow ?—Comment oser abuser de
sa protection, monsieur le curé ? il m'avait bien
placé ; c'est ma faute si je n'y suis pas resté.
Maudit schelling !

—Vous avez le caractère fier, mon petit ami,
—répliqua le curé en souriant;—cette disposition est bonne en général; un caractère fier
n'engendre pas de bassesse; toutefois il ne faut
pas mal placer sa fierté.—Ici je pense que vous
auriez pu retourner chez ce bon monsieur Kennedi...; ce n'est pas votre opinion..., soit...;
je suis vieux, faible et n'ai pas une assez haute
idée de mes conseils pour les imposer. Suivez
votre chemin, mon enfant; mettez votre espoir
en celui qui peut tout sur la terre; soyez toujours avec Dieu, si vous voulez que Dieu soit
avec vous : sa bonté prend soin des plus petits

insectes, il ne vous abandonnera pas. — Con-
servez la pureté de votre âme, la noblesse de
vos sentiments; allez, mon enfant, faites ce
que vous devez et vous deviendrez ensuite ce
que vous pourrez. Maintenant; — ajouta le curé,
avec une bonhomie pleine de simplicité, —
maintenant que je vous ai parlé en ami, je vais
agir en frère... Nous sommes pauvres tous deux,
— partageons; — combien avez-vous? — Quatre
schellings, — répondit vivement Jacques, en se
hâtant d'en mettre deux dans la main du prêtre; — Je suis fâché de n'avoir pas plutôt deviné
vos besoins.

    — Merci, — dit le prêtre, en posant les schel-
lings sur la pierre, — maintenant à mon tour,
et tirant deux pièces d'or de sa poche, il en
offrit une à Jacques. — Allons... en frères, a-
jouta-t-il, voyant que Jacques reculait étonné;
— ces pièces viennent de m'être données pour
un petit service que j'ai rendu à une brave femme, la femme du propriétaire d'une mine de
charbons de terre; j'ai sauvé son fils unique
qui se noyait... Elle m'en donnera autant tous
les trois mois pour mes pauvres; — mais prenez

donc, mon jeune ami ; je n'ai pas tant fait de façons, moi, pour accepter votre argent..Aye.. aye...; c'est de la mauvaise fierté, mon enfant. Prenez garde.

—C'est vrai, pardonnez-moi ,— dit Jacques ; —mais achevez votre bonne œuvre ; recommandez-moi à votre brave femme.—Avec plaisir , dit le curé, et déchirant une page d'un petit livret qu'il portait sur lui, il écrivit au crayon:

« Mistriss Duncan,

» Faites pour cet enfant que Dieu a mis sur » mon chemin, ce que vous voudriez qu'on fît » pour le vôtre, s'il se trouvait en pareil cas. » Votre très-humble et très obéissant servi- » teur.

« Henri PETERS, curé de***»

Puis, après lui avoir indiqué la demeure de sa bienfaitrice à Newcastle, les deux nouveaux amis se séparèrent presque les larmes aux yeux.

Jacques continua sa route plein du plus doux espoir ; il marchait léger, les yeux levés au ciel, comme s'il eut voulut y chercher Dieu pour le remercier de lui avoir fait rencontrer ce bon curé. En arrivant à Newcastle, il se fit indiquer la demeure de mistriss Duncan et s'y rendit.

C'était une grande et belle maison ; un peuple d'ouvriers, de matelots, de patrons de barques encombraient la cour d'entrée. Un homme debout au milieu de tout ce monde était occupé à répondre à chacun. Jacques devina dans cet homme le chef de la maison, il se glissa dans un coin, attendant son tour d'être introduit.

M. Duncan accueillait tout son monde avec une bonté pleine d'indulgence ; peu-à-peu chacun s'éloigna ; il ne resta bientôt plus dans la cour que le maître, un homme dans la force de l'âge, qu'à son costume et à sa peau bistrée on reconnaissait être un marin ; puis Jacques.

—Eh bien! *John*,–dit M. Duncan à cet homme, —ton chargement est fait ; ne pars-tu pas aujourd'hui ?--Sans retard, votre honneur,--répondit le patron ; mais notre mousse de la chambre s'est laissé mourir hier, et je venais demander à votre honneur s'il n'aurait pas quelque enfant à nous recommander.

En écoutant ces paroles, une idée subite saisit le jeune Cook.--Accordez-moi cette place, monsieur, je vous en prie, dit-il au propriétaire de la mine.

Et qui es-tu ? demanda ce dernier, étonné
de s'entendre demander une place par un enfant
qu'il ne connaissait pas.—Jacques présenta le
papier du curé et dit:—Je m'appelle Jacques
Cook ; mon père est un fermier de sir Thomas
Skottow ; je suis l'aîné de neuf enfants , et j'ai
treize ans.—N'importe qui tu sois, répondit M.
Duncan, souriant avec bonté à l'énumération
des titres du jeune Cook;—tu es envoyé par le
curé, ça me suffit... Accordé ta demande. John,
ajouta-t-il, en se tournant vers le patron du
bateau : — Voici ton mousse; je te le recom-
mande.

— Et le patron ayant salué M. Duncan, Jacques lui exprima en peu de mots sa reconnaissance et suivit son nouveau maître.

VII.

CONCLUSION.

———

Ainsi voilà donc un schelling marqué cause du premier pas que Jacques fit vers la fortune; car sans ce schelling, qui sait? Jacques serait resté en apprentissage chez le mercier Kennedi et aurait probablement élevé plus tard une boutique de mercerie; tandis que le goût des voyages le prit en voyant la mer, et Jacques Cook, mes enfants, fut un des plus célèbres navigateurs de l'Angleterre.

Il servit long-temps comme matelot, puis comme maître d'équipage; mais en 1755, la guerre ayant éclaté entre l'Angleterre et la France, Jacques quitta furtivement son navire qui était alors dans la Tamise, pour éviter d'être pris dans la levée qu'on faisait de tous les matelots pour les faire passer daus la marine royale ; car en Angleterre, mes enfants, lorsque la marine a besoin de soldats, on enlève de force tous les matelots qui paraissent bons pour la guerre, et on les enrégimente sur les vaisseaux de l'état.—La première pensée de Jacques Cook, alors âgé de 27 ans, avait été d'échapper à cette mesure arbitraire ; mais, après être resté caché quelque temps, revenu à des sentiments plus élevés, il alla s'offrir lui-même à sir Hugh-Palisser qui commandait le vaisseau de l'*Aigle* ; cet amiral l'admit parmi son équipage. Il y donna tant de preuves de courage et d'intelligence, que sir Hugh-Palisser devint bientôt son plus ferme appui.

Une circonstance qui se présenta, fit bientôt sentir à Cook ce qu'il valait, en même temps que le gouvernement comprit quel homme supérieur il avait à son service. Embarqué le 10 août 1759 sur le *Mercury*, en qualité de *master*, il partit pour le Canada, et y arriva à l'époque où Quebec était assiégé par le général Wolf ; il sonda le canal qui est au nord de l'île d'Orléans et en leva le plan avec tant de bonheur,

qu'enhardi par ce premier succès, il fit la carte
du cours du fleuve de Saint-Laurent; cette
carte gravée est la seule dont on se serve encore aujourd'hui.

Il faut que vous sachiez, mes enfants, que
plus on avance dans la vie, plus on sent le
manque des choses que l'on ignore; Jacques
Cook en fit l'expérience; mais il se promit d'y
suppléer, sans pour cela discontinuer ses voyages.—Ainsi ce fut pendant la seconde campagne
qu'il fit dans l'Amérique septentrionale,—toujours en qualité de *master*, — au milieu des
agitations d'une vie de marin, privé de tous
secours, qu'il étudia Euclide, où il prit connaissance des premiers éléments de géométrie,
et qu'il se livra à l'étude de l'astronomie. A
compter de ce moment, Cook, nommé capitaine, entreprit par ordre de son gouvernement des voyages scientifiques et enrichit la
carte du monde de plusieurs découvertes.

Je ne veux point, mes enfants, vous priver
du plaisir de lire l'histoire des voyages du capitaine Cook: une seule chose que je veux que
vous sachiez, c'est qu'aussi habile marin, que

rempli d'humanité pour son équipage, ce fut
lui qui le premier apporta une attention sérieuse à la santé des gens de mer; la société royale
lui décerna même une médaille à cet effet.
Voici ce que dit la biographie de cet homme
remarquable :

« Cook était d'une constitution robuste et
» capable de supporter les plus grandes fati-
» gues; il se contentait des aliments les plus
» grossiers; la trempe de son âme répondait à
» la force de son corps. Doué d'une brillante per-
» spicacité, son jugement, quoique prompt, ne le
» trompait jamais; aussi hardi dans la concep-
» tion que sage dans l'exécution, il est parvenu
» à surmonter les plus grandes difficultés par
» une persévérance qu'aucun danger ne pouvait
» rebuter. D'un courage calme et inébranla-
» ble, il ne montrait jamais plus de présence
» d'esprit, qu'au milieu des périls; ses ma-
« nières étaient franches et cordiales. »

Le capitaine Cook a laissé une veuve et trois
enfants; le roi d'Angleterre fait à sa veuve une
pension de deux cents livres sterlings, ce qui
fait à peu près cinq mille francs; et à chacun

de ses enfants vingt livres sterlings ou sept cent soixante-quinze francs.

Vous voyez, mes chers enfants, avec quel zèle je m'acquitte de l'emploi que je me suis tracé, celui de vous raconter l'histoire des enfants pauvres devenus riches et célèbres. Si j'ai pu vous amuser un instant ou vous intéresser, je serai payée de ma peine.

FIN.

LES
ÉLÈVES D'ÉCOUEN.
1807.

LA SEULE

COURONNE INDESTRUCTIBLE.

I.

L'EMPEREUR.

L'Empereur ! ce cri partit de la grille principale de la maison de la légion d'honneur, à
Écouen, gagna subitement de proche en proche, et comme le vent de l'ouragan qui
envahit tout dans sa course, les cours, les
arrières-cours, les corridors, les salles, et
jusqu'aux appartements les plus reculés du château ! l'Empereur !—A ce nom, comme par

magie, le château endormi dans le silence de
l'étude, sembla se réveiller, prendre vie, et
cela devant un seul homme, qui s'y présentait
seul, dans un costume d'une simplicité presque
vulgaire ; un seul homme, petit, tête nue, le
chapeau à la main, quel homme ! et de quelle
grandeur morale se haussait cette taille ordinaire ! l'Empereur ! A ce cri qui volait pour
ainsi dire, tous les yeux brillèrent, tous les
fronts rougirent, tous les cœurs battirent à l'u-
nisson; et l'Empereur qui marchait vite, arriva
assez à temps, dans la salle d'étude, pour jouir
en père de cette émotion que sa présence imprimait radieuse à chacun de ces jeunes et
naïfs visages.

À l'entrée de l'Empereur dans la salle, toutes
les élèves s'étaient levées d'un même mouvement; puis, debout à leur place, rouges et
confuses, comme si le regard de Napoléon s'é-
tait porté sur chacune d'elles en particulier, elles
baissaient les yeux, et recueillies, silencieuses,
on aurait dit qu'elles attendaient un mot du
maître, pour vivre, pour respirer, et faire lever leurs jeunes fronts couronnés seulement de

leur brune ou blonde chevelure, sur ce front impérial, couronné de tant de victoires, si resplendissant de gloire et de bonheur.

C'était la veille du jour, où, pour la troisième fois depuis que cette belle et noble institution de la légion d'honneur était fondée, on devait distribuer les prix; le 14 septembre 1807. Et il ne fallait rien moins qu'un événement aussi grand, que celui d'une visite de l'Empereur, pour distraire toutes ces jeunes têtes, de leur composition, de leurs espérances, de leur ambition surtout, ambition de pensionnaires, toute aussi envahissante, pour remporter une couronne de laurier, que s'il se fut agi d'un trône. — Tout fut oublié devant cette impériale visite..

Heureux, calme, le sourire sur les lèvres, une main dans son habit entr'ouvert, de l'autre balançant son chapeau, l'Empereur passait lentement entre les tables d'étude; il était suivi de madame Campan, intendante de la maison d'Écouen; mais, s'il avait quelques observations à faire, ce n'était point à cette dame à qui il s'adressait, mais bien à l'élève elle-mê-

me, et sans se tromper de nom, car il les savait tous, comme il connaissait le nom de leurs
pères, les braves de ses armées, si remplies
cependant de braves. — il les interpellait ainsi:
—A celles dont il regardait les cahiers ouverts
devant elles. — Voici une écriture qui pourrait
être plus lisible, et les lignes plus droites... A
une autre dont le père venait d'être nommé général de division : — écrivez-lui que je me ré-
jouis de son avancement, entendez-vous ?—Et
à peine avait-il passé que la fille du général
établissait avec ses voisines tous les avantages
du grade de son père, et la différence qui exis-
tait entre un général de division et un général
de brigade. Toutes choses que nous ignorons
dans ce règne heureusement de paix, mesdemoiselles, mais qui, sous l'empire, se savaient
parfaitement, et devaient être un éternel sujet
de conversation, surtout entre des filles de mi-
litaires.

—Ameline se porte-t'elle mieux ?—disait-il
en s'arrêtant devant une jeune fille un peu pâle,
et on pourrait encore plus, il me semble, juger
de sa santé, si la fraîcheur de ses joues n'était

un peu endommagée par l'encre qui les barbouille.—Ah! disait-il, en donnant une petite tape d'amitié sur la tête d'une autre élève,
dont l'immense chevelure était mal attachée,—
ah! ce que nous estimons beaucoup dans la toilette d'une demoiselle, c'est le soin apporté à
sa coiffure; voici une natte qui déserte, il lui
faut une punition. Et ce grand Empereur qui
adoucissait sa voix de commandement pour
parler à des enfants, tirait avec un air de malice
plein de jeunesse et de gaîté, la natte rebelle,
et la détachant tout-à-fait, la laissait retomber
le long des épaules de la pensionnaire, rouge
de honte et cependant de bonheur.—Mais, ren-
contrait-il sur son passage, les enfants dont le
père ou le frère était mort à son service, son
visage s'attendrissait, il les appelait à lui, les
embrassait et leur parlait tout bas.

Tout en marchant ainsi de table en table,
il arriva près de trois jeunes filles, toutes trois
à peu près du même âge, dix-huit ans, toutes
trois grandes, belles et blondes.

Une des trois à son approche, se détacha de
ses compagnes et vint se jeter dans les bras de

l'Empereur, en le saluant du nom de père.—
Oui, ton père, mon Hortense, lui dit-il en lui
rendant ses caresses, ton père qui t'aime bien,
je t'assure. Et comment se portent tes amies ?
Clarisse, ajouta-t-il, en regardant l'amie de
droite, et Marie, reprit-il en se tournant vers
celle qui était à gauche.—Tu vois que je n'ai
pas oublié le nom de tes inséparables.—Mademoiselle Clarisse, se reprit-il, votre père, un
des plus braves généraux de mes armées, vient
de partir pour sa nouvelle principauté. —Je sais
qu'il s'occupe de vous établir... Son choix est
le mien, j'espère qu'il sera aussi le vôtre.—
Quant à vous, Marie, ajouta-t-il en prenant
la main de la troisième pensionnaire,—comme
votre père, mon pauvre sous-lieutenant, a
perdu la vue d'un coup de feu, dans les campagnes du Rhin, et qu'il ne peut choisir, c'est
moi qui me charge de le faire à sa place...Nous
nous consulterons ensemble là-dessus, n'est-ce
pas ? — Et revenant à Hortense, il ajouta :—
toi, Hortense, as-tu été bien sage cette année;
c'est demain la distribution des prix, penses-
tu en obtenir un... Je vais trahir un secret de

ma femme. Joséphine a découvert, je ne sais
où, une de mes couronnes, remportée sans ef-
fusion de sang : — celle-là, ajouta-t-il, avec une
indicible inflexion de voix, c'est une de mes
couronnes de licéens, pour un prix de mathématiques, je crois ; — elle a secoué la poussière
qui la couvrait, et si tu obtiens un prix, c'est
cette vieille et fanée couronne qu'elle posera
sur ta tête. — Elle me sera chère alors à plus
d'un titre, répondit Hortense en baisant la
main de son beau-père.

— Et quels amusements avons-nous préparés
pour cette grande solennité ? demanda l'Empereur. — Une surprise, répondit Hortense en
regardant madame Campan qui l'encouragea en
souriant. — J'adore les surprises, dit Napoléon
d'un air de bonhomie pleine de jeunesse ; — et
je veux être de la vôtre... Voyons, conte-moi
ça, Hortense ? — Mais si je vous le dis, Sire,
vous ne serez plus surpris, répliqua Hortense.
— Peut-être, reprit l'Empereur, conte toujours.
— Vous ne le direz pas à ma mère, dit Hortense
avec une menace du doigt. — Ma parole, dit l'Empereur, la voix grave et la main sur son cœur !

7

- Alors, sachez tout, Sire ;— mais silence, répartit Hortense d'un air de grande confiance. —Sachez que demain nous jouerons ici la comédie. — Bah ! dit l'Empereur ! — et sans rire ?

—Une vraie comédie ! répondit Hortense, la mine boudeuse. —Est-ce que vous doutez de nos talents, Sire ? Je vous assure cependant que mes camarades et moi, nous jouerons fort bien, et sans rire... Demandez à madame l'intendante !

— Je n'en doute nullement, reprit Napoléon; et sans indiscrétion peut-on demander le nom de la pièce.., puis quelle est la Mars et le Talma de la troupe. — Le nom de la pièce: c'est la *Vieille de la Cabane*, dit Hortense. —Vous connaissez bien monsieur Comte, le fameux physicien, Sire ; c'est lui qui a monté la pièce, et quant aux actrices... car... vous vous imaginez bien qu'il n'y a pas d'acteurs dans notre troupe. — Quant à vos actrices, présente-les moi, que je les complimente d'avance, car je crains bien de ne pouvoir demain assister à la première représentation de la *Vieille de la Cabane*!.. —Tant mieux! dit Hortense étourdiment.

—Ta réflexion est flatteuse pour moi, dit l'Empereur affectant une humilité parfaite.— C'est-à-dire, reprit Hortense... toute rouge, c'est-à-dire... que... non... mais oui, je ne m'en dédis pas, ajouta-t-elle encore; car, enfin, Sire, vous ne doutez pas que vous ne soyez fait pour intimider de petites pensionnaires comme nous. —J'en ai intimidé bien d'autres... dit l'Empereur, souriant avec une apparence de fatuité... Mais, petite flatteuse, bien que ton *tant-mieux* me semble un peu hasardé, présente-moi à tes camarades de scène.

—Voici, d'abord, dit Hortense, allant prendre par la main dans la foule, une jeune pensionnaire, à la ceinture blanche, *Alexina Pannelier*, à qui est confié le rôle principal de la Vieille de la Cabane;—puis *Adèle Anguiet* qui fait Jeannette; *Annette Mackau* qui fait Lise. Le rôle de madame Morincourt est confié au talent d'*Eglé Anguiet*, sœur d'Adèle; *Pauline d'Hecourt* fait Adèle; *Sophie Simon*, Léonore; *Anna Leblond* remplit le rôle de la fermière Collot; *Emilie Duvidal*, celui de Mathurine; et votre servante, Sire, dit Hortense, avec une

révérence étudiée, s'appellera demain pendant
une heure, Bastienne.

(Permettez-moi de m'interrompre un instant,
mes jeunes lectrices, pour vous dire que tous
ces noms sont vrais ; que ces dames existent
peut-être encore, et que toutes, ou en partie,
peuvent attester la vérité de mon récit auquel
je reviens).

Toutes ces présentations terminées, et faites
avec un égal sérieux de côté et d'autre, chaque
présentée retourna à sa place, et l'Empereur,
ayant complimenté sa belle-fille, sur le talent
avec lequel elle remplirait, au besoin, l'emploi
de maître de cérémonie, l'embrassa tendrement
et acheva sa tournée.—Au moment de se retirer, l'Empereur, selon son habitude, demanda
récréation entière pour les enfants, en réjouis-
sance de sa visite ; et comme cela n'était jamais
refusé, il put, avant son départ, jouir de la joie
répandue sur tous ces jeunes et charmants visages, entendre l'élan de leur gaîté non conte-
nue ; et aux cris de vive l'Empereur, répétés,
et répétés du fond du cœur, je vous l'affirme,
Napoléon se retira, emportant une de ses

plus douces satisfactions, et souvent sa main passée rapidement sur ses yeux.

Et de toutes ces heureuses jeunes filles, les plus heureuses étaient celles qui, l'ayant suivi pas à pas, avaient précieusement recueilli le tabac tombé de ses mains impériales. — Ce tabac, cousu dans un sachet, était fidèlement porté sur leur cœur : je tiens tous ces détails d'une des propriétaires d'un pareil sachet ; relique sainte, car c'est une relique de reconnaissance, et que sa fille conservera, comme sa mère l'a conservée.

Je vais maintenant, et ces préliminaires indispensables remplis, en venir, Mesdemoiselles, à l'histoire de cette couronne, la seule qui n'ait rien à redouter de la passion des hommes et de l'injustice des choses.

II.

VOEU DE TROIS AMIES.

———

La distribution des prix avait eu lieu , et
l'heureuse Joséphine avait elle-même placé sur
la blonde tête de son heureuse fille , la couronne
de laurier remportée jadis par son époux encore
enfant. —Cette distribution s'était passée brillante et solennelle , comme d'habitude ; c'était
la troisième qui avait eu lieu depuis 1804,
époque de la fondation de cet établissement ,
et, la soirée venue, chaque jeune fille était allée , seule ou avec des compagnes, rêver en
paix dans les jardins, soit aux succès obtenus
dans cette journée , soit à ceux qu'elle désirait
encore.—Trois des plus grandes d'entr'elles , se

dirigeaient, en se donnant le bras, vers un bosquet, auquel travaillait un vieux jardinier.

—Georges, dit l'une d'elles en s'approchant, retire-toi et laisse-nous seules. —Oui, et qui relèvera ce bosquet ?... Pauvre bosquet, murmura Georges sans obéir, et regardant avec tristesse la dévastation qui régnait autour de lui. —Mal lui en a pris à celui-ci d'être tout composé de lauriers. — C'est que pour fournir des couronnes à quatre-cents élèves... ça n'était pas une petite besogne... savez-vous ?... Pauvre bosquet !.. encore, si c'était moi qui les eusse coupées toutes.. — Oh ! quatre-cents couronnes, dit une des trois pensionnaires en riant: —ton calcul est un peu exagéré, mon pauvre Georges ! D'abord en voilà une qui n'a pas été coupée sur cet arbuste.—Tiens, c'est celle de mademoiselle Hortense.

—Ma parole, vrai, dit le jardinier examinant la couronne de laurier que la pensionnaire tenait passée à son bras... Voilà une branche d'arbre qui a dû être coupée... il y a au moins ...24 ans... c'est singulier...—Vraiment, reprit Hortense en riant. C'est tout juste, car si je consulte ma mémoire, et ce que M. de Bour-

einne nous a souvent raconté , à ma mère et à
moi , de l'enfance de l'Empereur ; ce fut en
1783 qu'il obtint ce prix de mathématiques ,
pour lequel il nous a dit hier , dans sa visite,
qu'il avait eu cette couronne... 24 ans !...
mon beau-père avait 14 ans alors.... c'est
juste... il en a 38 aujourd'hui.. 24 ans... c'est
singulier que le laurier se conserve autant...—
Mais non, mais non, Mesdemoiselles, dit Georges... il y a une plante... dont le nom m'é-
chappe.., attendez, avec un peu de réflexion...
je trouverai...—C'est très-inutile, dit Hortense,
d'un accent qui coupa net la parole au pauvre
Georges. — Laisse-nous, ou du moins, fais
comme si tu n'étais pas là... travaille et ne
nous interromps pas. — Oui , travaille et ne
nous interromps pas, répliquèrent les deux a-
mies d'Hortense, en la suivant dans le bosquet
sur le banc duquel elles s'assirent sans se quitter la main.

—Suffit, suffit, dit Georges, achevant de
relever les branches éparses et les attachant à
l'arbre.—Suffit, suffit; on sait d'avance tous
vos petits secrets de jeunesse... allez... on n'a
pas besoin de les écouter pour les deviner...

Dieu de Dieu, que c'est jeune et joli tout de même, ces petites filles... Mais chut... je suis un vieux bavard, à ce que dit mon épouse, et tout au plus bon à me taire... par ainsi motus.

Du reste, Georges aurait pu parler encore longtemps, s'il avait voulu ; les trois amies ne faisaient plus aucune attention à lui. Le motif qui les occupait et les avait fait se retirer à l'écart était trop sérieux, trop grave, trop important, pour que bientôt même, elles n'oubliassent tout-à-fait, qu'il y avait un témoin de leurs paroles. Et ce motif le voici :

— Je vais me marier, mes chères amies, dit Clarisse serrant à la fois la main d'Hortense et celle de Marie, et les regardant alternativement toutes les deux, avec la même tendresse ; je vais me marier, j'épouse monsieur d'Hermilli, le plus riche banquier de la Capitale, c'est pour cela que demain je quitte Ecouen. — Tu nous quittes, dit Hortense surprise.

— Tu nous quittes, répéta Marie ; et soudain cette dernière fondit en larmes.

— Enfant ! lui dit Clarisse en l'embrassant, — Paris est-il donc si loin d'Ecouen, que je ne

puisse souvent franchir cette distance pour venir
te voir... et n'aurais-je pas voitures et chevaux
pour raccourcir les distances... D'ailleurs, vas-
tu rester éternellement pensionnaire ici ?.. n'as-
tu pas entendu ce que l'Empereur t'a dit hier...
il s'occupe de ton établissement...—Je le sais,
dit Marie sans cesser de pleurer, -- je le sais ;
mon père, autorisé par l'Empereur, a promis
ma main, à mon cousin Auguste, sous-
lieutenant dans les grenadiers de S. M.; et si
je pleure... Clarisse... Hortense... c'est que je
prévois l'avenir.—Quel avenir ! demanda Hortense !.. Moi, je le vois superbe l'avenir ;—
pour toi, oui, dit Marie en redoublant ses
sanglots,—fille de l'Empereur, tu épouseras un
roi peut-être, ou du moins quelques grands
dignitaires de l'empire... Pour Clarisse aussi,
il est beau l'avenir, fille unique d'un des plus
riches généraux de l'empire, elle épouse le premier banquier de Paris... Mais pour moi, pour
moi, pauvre enfant d'un pauvre lieutenant a-
veugle et réduit à la demi-solde, fiancée d'un
sous-lieutenant qui n'est pas plus riche que
mon père.., j'aurais pu être heureuse, si je ne

vous avais pas connu et aimé toutes deux...Non,
ce n'est pas votre haut rang que j'envie, votre
brillante fortune que j'ambitionne, non...non...
non... mais c'est la distance énorme qui, au
sortir d'ici, va nous séparer,—distance que ma
fierté m'empêchera de franchir et que si vous ne
rapprochez pas.... vous....vous deux....vous
tuerez votre pauvre amie... Eh ! mon Dieu, ne
répondez de rien, ni l'une, ni l'autre ; je sais
aujourd'hui ce que vous allez dire, promettre..
—Ha ça ! te crois-tu donc plus sage que nous,
dit Clarisse, interrompant Marie pour l'embrasser...—Te crois-tu donc plus expérimentée que
nous, répliqua Hortense, l'embrassant de l'autre côté.

  —Oui, oui, dit Marie, avec une assurance
naïve ; puis se reprenant aussitôt, elle ajouta
d'un air tendre et triste : pardonnez toutes deux ;
oui, mes bonnes amies, j'ai plus de sagesse et
d'expérience que vous ; j'ai la sagesse et l'expé-
rience des âmes qui ont souffert. Vous êtes toutes
les deux trop heureuses pour me comprendre..
Songez donc que le monde va nous séparer.—
Jamais ! dirent à la fois Clarisse et Hortense.

— Que je vous embrasse toutes les deux pour ce mot dit si spontanément, et qui me met du baume dans le cœur, dit Marie, embrassant alternativement ses deux amies. — Eh bien! je le veux bien, j'y crois, j'ai besoin d'y croire; ce monde ne nous séparera pas de cœur, il ne nous séparera pas de droit, mais il nous séparera de fait; c'est-à-dire que de temps en temps, l'une et l'autre, vous penserez bien à cette pauvre Marie, votre camarade de classe que vous aimiez tant en pension; de temps en temps, vous lui accorderez en pensée, un mot, un souvenir, un regret... Mais le haut rang dans lequel vous êtes placées toutes deux, a ses exigences; votre société ne sera pas la mienne... Vous ne pourrez descendre jusqu'à la mienne; je ne dois pas m'élever jusqu'à la vôtre... Encore une fois, taisez-vous, car je sais ce que vous voulez dire, mais par la même raison que je devine ce que vous pensez dans le moment, je pressens ce que vous penserez plus tard... dans un an, dans deux ans, dans dix ans peut-être!..

—Marie peut avoir raison, dit Hortense

devenue sérieuse aux paroles de sa jeune compagne ; — notre amitié peut être inaltérable,
et cependant mille circonstances peuvent nous
séparer, peuvent faire que nous ne nous voyions
pas aussi souvent que nous le désirerions les
unes et les autres... Mais tenez...mes amies,
promettons-nous une chose... faisons un vœu...
jurons que... dans dix ans... le terme que Marie a choisi elle-même... que dans dix ans, à
pareil jour, à pareille heure, — il est sept heures, ajouta-t-elle en tirant de sa ceinture une
petite montre émaillée que sa mère Joséphine
lui avait passée au cou la veille, en lui posant
sa couronne sur la tête, — que dans dix ans,
nous nous trouverons toutes les trois à un endroit voulu. — Chez l'une ou chez l'autre de
nous trois, dit Clarisse. — C'est trop vague, dit
Marie ; quel pourra être notre domicile dans
dix ans ?.. Dans quelle ville habiterons-nous
dans dix ans ?.. Dieu seul le sait...

Non, mais il est un jardin où, bien que
ce soit une résidence royale, les rangs y sont
à peu-près confondus, si non effacés ; jurons...
—Attends, il faut un témoin de notre serment...

dit Hortense en riant... Georges, ajouta-t-elle, appelant le vieux jardinier, approche, et sois témoin du vœu que nous allons prononcer en ta présence; — nous trois, Clarisse, Marie et moi, nous jurons de nous trouver dans dix ans, à pareil jour, à pareille heure, à la grille du Jardin des Tuileries, du côté du pont royal; la première arrivée attendra les autres sur la terrasse des Feuillants.

—Nous le jurons, dirent à la fois Marie et Clarisse.

Donc, au 17 août 1817, dit Georges en calculant sur ses doigts; certes, je veux mettre mon habit des dimanches et me trouver ce jour-là derrière la grille, pour vous y voir arriver toutes les trois.

Quelques jours après, les trois amies quittèrent Ecouen.

III.

DIX ANS APRÈS.

———

Le 17 août 1817, le premier coup de sept heures sonnait à l'horloge du château, lorsqu'un brillant équipage, attelé à *la Daumont*, s'arrêta à la grille du Jardin des Tuileries, du côté du pont royal. Il en descendit une jeune femme blonde, en compagnie d'une dame plus âgée, et d'une petite fille de huit ans. — Maman, dit la petite fille à la jeune dame blonde, — pourquoi aujourd'hui venons-nous nous promener, à l'heure où tu dînes ordinairement?

Vois, il n'y a personne aux Tuileries, dans ce moment, ni belles dames, ni beaux messieurs, ni bonnes, ni enfants.—Tu le sauras plus tard, Hortensine, répondit la jeune dame en embrassant sa fille, tout en regardant avec inquiétude autour d'elle. —Madame Germain, ajouta-t-elle, en se tournant vers la dame âgée, faites-moi l'amitié de conduire ma fille dans l'allée des orangers, vous reviendrez dans une heure; —maintenant laissez-moi seule ici.... — Oui, madame la duchesse, dit madame Germain qui prit la main d'Hortensine et s'éloigna. La jeune duchesse s'avança seule sur la terrasse des Feuillants !

— Pas arrivées ! disait-elle, en se parlant à elle-même, ni l'une, ni l'autre...l'une...hélas... je le comprends... mais l'autre...l'autre... Oh ! Clarisse, je suis toujours la même moi...

— Hélas ! je suis donc bien changée, que tu ne me reconnais plus, prononça, avec timidité, une femme dont le costume bien que très propre, était plus que simple, et sur le visage de laquelle des rides précoces paraissaient le résultat de profonds chagrins, plutôt que de l'âge!

—Clarisse ! Clarisse… dit la duchesse , regardant à deux fois celle qui lui parlait , et se jetant éperdue dans ses bras. — Clarisse ! quel changement ! bon Dieu… Oh ! chère amie ; que t'est-il donc arrivé ? Puis, cherchant des yeux un banc de pierre, elle alla s'y asseoir, en entraînant son amie qu'elle tenait toujours embrassée.

—Ce qui arrive souvent, répondit Clarisse , dans une vie ordinaire. Séparées toutes les trois presqu'au sortir d'Ecouen, toi pour aller à la campagne soigner ton père aveugle , tandis que ton mari suivait la fortune de l'Empereur… ajouta-t-elle à voix basse et en jetant un regard inquiet autour d'elle , — de notre Empereur, n'est-ce pas, Marie ? — de notre cher et bon père d'Ecouen, — et qu'Hortense allait occuper un trône , je restais seule à Paris, longtemps jetée dans ce tourbillon du monde qui plaît tant à l'âge que nous avions alors ; séduite par tous les plaisirs qui se pressaient sous mes pas, je me réveillais un jour de cet état d'étourdissement, dans un état voisin de la misère..; mon père était mort, et dans l'année qui suivit sa mort, mon mari fit une faillite à laquelle il ne survécut pas... Il y a trois ans que je suis veuve et qu'avec un modique revenu de deux mille francs, j'élève ma fille, dans une campagne aux environs de Paris ; voilà mon histoire, Marie.

— Et voici la mienne, Clarisse, dit Marie, cachant son attendrissement sous le plus doux des sourires. — De sous-lieutenant, Auguste est devenu général. Tu sais qu'ainsi que moi, il est d'une ancienne famille d'émigrés.. La rentrée des Bourbons nous a rendu nos titres, notre fortune... Depuis je te cherchai partout, sans savoir où te trouver...—Moi ! je faisais le contraire, dit Clarisse.

—Ingrate ! dit Marie, —et soudain enveloppant Clarisse de ses deux bras, elle ajouta, sa bouche sur l'oreille de la veuve : —Rappelle-toi Ecouen, Clarisse, nos jeux d'enfants, nos douces causeries et nos partages de jouets, de bonbons, de livres, partages où ton amitié me donnait de tout la moitié, et que mon amitié me faisait accepter... Eh bien ! recommençons notre vie d'Ecouen, partageons encore, non pas des bonbons et des joujoux, mais ma maison,

mais ma table, mais mon amitié. Clarisse reprit-elle douloureusement, voyant son amie for-
muler un signe de refus, — l'un ne va pas
sans l'autre... tu peux tout rejeter, ou tout
accepter, Clarisse; comme c'est moi qui serai
l'obligée, je ne dois pas t'influencer. - J'accepte,
dit Clarisse avec émotion.

Un moment de silence s'en suivit, et le premier mot qui le rompit fut celui d'Hortense!
un second silence s'en suivit, mais celui-ci,
douloureux, triste, affligeant.

Au même instant, un vieillard, dont les habits propres et grossiers témoignaient un habi-
tant des champs, s'approcha des deux amies. -
Pardon, excuse, mes belles dames, dit-il; mais
je cherche ici deux jeunes filles, nommées Clarisse et Marie.

—C'est nous, mon bon homme, dirent-elles,
en se levant toutes les deux; que leur voulez-
vous? — Vous!.. vous, dit le vieillard étonné,
—vous, que j'ai vues, toutes les deux, pas
plus hautes que ça... puis plus grandes..puis...
Mais, ce n'est pas de cela dont il est question...
C'est aujourd'hui le 17 août 1817, vous atten-

dez une troisième personne, n'est-ce pas?..voici ce qu'elle m'a chargée de vous remettre à toutes les deux.

Disant ces mots, le vieillard sortit de la large poche de côté de son habit brun, deux boîtes et un billet qu'il remit aux deux jeunes femmes en ajoutant : — Je suis Georges, jardinier d'E-couen.

Les deux amies ouvrirent précipitamment leur boîte; dans chacune, il y avait une moitié de couronne de laurier presqu'en poussière, et un billet contenant ces mots.

« De toutes les couronnes qui ont passé sur
» les têtes de ma famille, voici la plus légère et
» la moins indestructible. Je vous l'envoie, mes
» sœurs, mes heureuses sœurs, qui pouvez
» jouir encore du soleil de votre patrie, priez
» pour la pauvre exilée.»   HORTENSE.

Des larmes bien amères arrosèrent et le billet d'Hortense et les deux moitiés de couronne.

L'heure étant passée, madame Germain revint avec Hortensine. A la vue de Clarisse, la jeune enfant fit un mouvement de surprise.— Ma fille, dit Marie, la mettant dans les bras de sa compagne, — je t'ai souvent parlé de mes sœurs d'Ecouen, en voici une qui te donnera aussi une petite sœur à aimer comme je l'aime.

Et les deux amies de pension, remontant dans le brillant équipage ducal, se rendirent à l'hôtel de Marie, où la plus étroite amitié les unit encore.

FIN.

ANTOINE GALLAND,

Né en 1646.

LE PETIT PICARD.

ANTOINE GALLAND, NÉ EN 1646.

I.

LE RETOUR.

Le 3 juillet 1660, un jeune garçon de 14 ans
environ, marchait d'un pied ferme, arpentait
lestement un chemin large, droit, uni et couvert
d'une poussière crayeuse; ce chemin conduisait de Nyon à Rollot, petit village près de Montdidier en Picardie. Le costume de ce jeune garçon était d'une simplicité qui approchait presque
de la misère, et sur son front une pâleur studieuse

avait banni la fraîcheur de la jeunesse ; on y lisait une inquiétude pleine d'angoisse ; par fois
ses grands yeux noirs brillaient d'un éclat de
joie furtive, en passant devant quelques petits
manoirs dont les ponts-levis, toujours baissés,
témoignaient par leur immuabilité constante,
de la bourgeoise bonhomie de ceux qui les ha-
bitaient... Quelquefois aussi, une de ces petites
maisons blanches qui surgissent, on dirait, au
milieu d'une verte prairie, attirait, sur les lèvres du voyageur, un de ces pâles sourires qui
ressemblent plutôt à une contraction nerveuse
qu'à un éclair de plaisir... Mais le plus souvent ses yeux baissés, ses regards distraits,
témoignaient de ce qui se passait dans son âme.

Au moment où le soleil se couchait derrière
un massif de pommiers, notre jeune voyageur
entrait dans un petit sentier pierreux, bordé
de chaque côté de l'éternel pommier.. A quelques pas devant lui, trottait un âne chargé d'herbes et d'arbustes ; une jeune femme à pied le
conduisait, accélérait sa marche par quelques
coups d'une branche de saule qu'elle tenait à la
main. Sans doute la tournure de la jeune femme

rappelait au voyageur quelque souvenir, car, malgré la fatigue qui le faisait plier en deux, et la sueur qui inondait son visage, il hâta le pas, et atteignait la Picarde, au moment où celle-ci tournait la tête pour voir qui courait derrière elle.— Les deux noms d'Annette et d'Antoine sortirent à la fois des deux bouches, et quatre mains se tendirent à la fois pour se serrer.

—Annette! dit le jeune voyageur, après un moment de tendre et triste silence... je reviens pour toujours cette fois. — Ah! mon Dieu, dit Annette saisie,—que s'est-il donc passé là-bas?— Mon second protecteur est mort!.. dit Antoine, les larmes aux yeux, et je n'ai appris qu'au moment de sa mort, sur quel pied j'étais reçu au collége de Noyon... Digne et saint homme!..
—Mort! ce digne et saint homme, dit Annette, dont les larmes se joignirent aux larmes de son frère.—Mort.. mon Dieu!—Je le vois encore, mon frère, lorsqu'à la mort de notre pauvre père (tu n'avais que quatre ans à cette époque); il y a de cela dix ans, le hasard le conduisit chez nous... Il avait connu mon père, et en voyant sa femme veuve avec sept enfants et sans

8

aucune ressource que le travail de ses mains;
il dit à notre pauvre mère... j'entends encore
sa voix si bonne...Voyons, madame Galland?
désespérer de la justice de Dieu est un péché..
Que puis-je faire pour vous?.. Annette, m'a-
t-on dit, est recherchée en mariage par un
brave garçon droguiste.—Il faut la lui donner.
--Ils sont si pauvres tous les deux, dit ma mère!..--Une boutique de droguiste, ça n'est pas
bien cher, je me charge de leur prêter ce qu'il
faut pour l'acheter.- Et j'épousai Picard..Puis,
il se chargea de toi.- C'est toujours deux de
moins, dit-il, et il t'emmena..Le Principal du collége aussi te prit en grande affection, nous dit-on,
et grâce à ces deux personnages, tu es devenu
un savant, mon frère...acheva la jeune Picarde
avec un sentiment presque d'orgueil.

—Hélas! ma bonne sœur, j'en sais tout juste
assez, pour savoir que je ne sais rien, dit Antoine Galland, avec une candide bonhomie.
Certes, je n'allais pas mal, et avec le temps
sans doute, j'aurais pu faire mon chemin, c'est
ce que disait le Principal, mort l'année dernière.
Oh! Annette, t'imagines-tu ce que j'ai ressenti,

lorsque le lendemain de la mort de ce bon
chanoine... le nouveau Principal, celui qui
avait remplacé mon premier protecteur, me
fit appeler dans sa chambre et me dit :—Celui
qui payait votre pension ici vient de mourir..;
avez-vous quelqu'autre personne qui s'intéresse
à vous et qui continue l'œuvre charitable que
le chanoine Fernon avait commencée?—Hélas !
Monsieur, dis-je en pleurant, je n'ai plus que
ma mère; et ma mère possède à peine de quoi
subsister, elle et les six autres enfants qu'elle a.
— J'en suis fâché, me dit cet homme, mais
le collége ne peut vous garder pour rien... il
faut aller retrouver votre mère... — Tu comprends, ma sœur, qu'après de telles paroles,
je ne pouvais rester une heure de plus dans ce
collége... Je suis parti...sans dire adieu à aucun
camarade, je n'en aurais pas eu le courage...
Je suis parti sans rien emporter que les vêtements que j'avais sur le corps... Je suis parti
avec un écu de trois livres que j'avais dans ma
poche, dernier don du chanoine, quelques
jours avant sa mort... Mais c'est assez parler
de moi.—Que fait ma mère ? Que sont devenus mes frères, mes autres sœurs?

—Ma pauvre mère est toujours couturière...
mais couturière de pauvres gens ; ça ne rapporte
pas grand'chose.—Jacques est garçon de ferme
chez monsieur Perrin... Monsieur le curé a pris
Jean comme enfant de chœur, chez lui ; il le
nourrit, l'habille et lui apprend à lire, à
écrire et le latin... Marie travaille chez la blan-
chisseuse Martin, et Françoise et Géneviève
sont trop petites pour faire quelque chose.

Tout en parlant et marchant, le frère, la
sœur et l'âne avaient atteint une petite maison
blanche, à l'entrée du village de Rollot ; une
femme âgée cousait, assise sur une pierre, à
droite de la porte, lorsqu'une petite fille qui
jouait à la poupée près d'elle, se mit soudain à
crier : — Voici Annette avec un homme. - La
couturière leva les yeux, poussa un cri de joie ;
son ouvrage lui tomba des mains, dans le mouvement qu'elle fit pour ouvrir ses bras au nouveau venu.

—Mon fils !.. Ma mère !..

Des larmes et des baisers scellèrent cette
entrevue.

—Ma mère, dit le jeune homme avec douleur, me voilà de nouveau à votre charge !.. Et

il raconta à sa mère, ce que vous savez déjà. —Dieu est grand, mon fils, répondit la pieuse Picarde avec une soumission douloureuse, il ne nous abandonnera pas... D'ailleurs, tu es grand, tu es fort; que sais-tu faire? — Je sais, ma pauvre mère, je sais des choses inutiles au village, répondit Antoine; je sais un peu de grec, beaucoup de latin et pas mal d'hébreu... — C'est ça que tu as appris au collége! s'écria la simple femme d'un ton de regret.

—Ah! ma bonne mère, ne regrettez pas mes études, reprit vivement le jeune Galland; j'ai quatorze ans, je n'ai connu aucun plaisir de mon âge, et les études m'ont tenu lieu de tout; je lisais, et je ne pensais pas à jouer; j'étudiais, et j'oubliais, dans mes heures studieuses, qu'il y avait des vacances pour les heureux enfants du collége... J'apprenais, et en voyant s'ouvrir pour moi les portes de la science, je regrettais moins de voir se refermer sur moi seul, les portes du collége par lesquelles mes joyeux camarades s'élançaient en courant vers les logis paternels...

—C'est bien, cela se peut, répondit madame

Galland, d'un air qui prouvait qu'elle ne comprenait pas bien tout ce que lui disait son fils...
Mais, maintenant que te voilà hors du collége,
et sans aucun espoir d'y rentrer ; maintenant
que tes deux protecteurs sont morts... à quoi
te servira toute cette belle science.. — A espérer,
répondit Antoine en soupirant. — Cela nous mènera loin, répartit la mère. — Oui, ma mère,
répondit le jeune Galland, — avec de la persévérance, l'amour de Dieu et de l'étude, on peut
triompher de bien des obstacles... croyez-moi...

— Tu es fatigué, tu dois avoir faim, dit la
bonne mère, essayant de donner le change à
ses pensées inquiètes... entrons... Heureusement, monsieur le curé a passé par ici ce matin,
et il y a de quoi souper pour toi, viens..; nous
aviserons en soupant au moyen de te tirer d'affaire dans ce pays, car, puisque te voici, il ne
faut plus nous quitter; on peut vivre à Rollot
comme partout ailleurs.

Antoine suivit sa mère, d'un air qui signifiait qu'il n'était pas bien convaincu de la vérité
de cette assertion.

— Bi>

II.

LA BOUTIQUE DU DROGUISTE.

Le lendemain de l'arrivée d'Antoine, et comme celui-ci était à déjeûner avec sa mère, Picard, le mari d'Annette, parut inopinément à leurs yeux. — Bon jour, belle-mère, dit-il en entrant, bon jour, beau-frère; ma femme m'a dit hier le retour d'Antoine, et qu'il était au dépourvu pour une place; je viens lui en proposer une. - Une place! répéta Antoine avec un étonnement dédaigneux. — Vas-tu pas faire le fier, lui dit sa mère? Il faut cependant t'occuper.—Je suis bien touchée de votre attention, mon gendre, répliqua-t-elle, en se retournant vers Picard...et quelle place avez-vous à proposer à Antoine. —Oh! mon Dieu, belle-mère, c'est une place et tout ce n'est pas une place, répondit Picard... Voici ce que c'est : j'ai un bon établissement de droguerie, mais je suis seul, et je ne peux souvent suffire à préparer toutes les drogues dont les paysans des environs ont besoin. Antoine est un savant, à ce que m'a dit Annette, et s'il voulait, il pourrait m'aider... Je lui donnerai d'abord, la table, le logement.., puis quelques petites choses, par-ci, par-là..; puis, s'il a de la conduite, de l'ordre., il peut espérer...Car enfin, depuis dix ans que je suis marié, je n'ai pas d'enfants... donc, il peut espérer ma survivance.

—Quoi! mais c'est superbe, ce que vous proposez-là!—Antoine! s'écria la bonne mère, entends-tu? - ne voyant dans cette offre que le bonheur de ne pas quitter son fils.

Antoine, les yeux baissés sur la table, jouait avec son couteau ; son visage n'exprimait aucune des satisfactions qui s'épanouissaient sur la figure de sa mère. —Tu ne dis rien, Antoine, reprit madame Galland, inquiète du silence de son fils.

—Je dis que Picard est bien bon, répondit
Antoine avec embarras. — Bien bon, répéta
la couturière ; —mais dis donc qu'il est bien
généreux, bien magnifique ; car cette boutique
de droguerie qu'il te fait voir en perspective !...
mais je n'en avais jamais rêvé autant pour toi...
lève-toi donc, remercie ton beau-frère, dis-lui
que tu acceptes ! dis-lui que tu seras bien tra-
vailleur, bien sobre, bien sage, bien obéissant...
Voyons donc, Antoine, lève-toi, puisque
je te le dis, et va remercier ton beau-frère.

Antoine obéit avec tant de nonchalance, et
si à regret, à ce qu'on aurait dit, que le droguiste de Rollot reprit :—Ah ça ! mais ce que
j'en dis à votre mère, Antoine, c'est pour vous
être agréable, dit Picard, qui ne comprenait rien
à l'air de répulsion qui se lisait sur les traits
de son beau-frère ; si ça vous répugne de piler
de la casse, du séné, de préparer des locks,
de faire des onguents..quoiqu'à vrai dire, il n'y
ait rien de bien pénible à cela... Il faut le dire..
il ne manque pas de garçons dans le pays, et
j'ose dire qu'il en viendrait de Noyon et de
Montdidier qui seraient trop heureux d'accepter

ce que je vous propose... par ainsi, Antoine, faut être franc. Nous n'en serons pas moins bons parents, bons amis, bons voisins, si vous me refusez.

—Où avez-vous donc la tête, mon gendre, de voir qu'Antoine vous refuse, dit la mère lançant à son fils des regards où la sévérité le disputait à la tendresse... Antoine accepte, Antoine est heureux de vos bontés, Antoine sent fort bien qu'il ne peut rester chez une pauvre couturière, obligée de vivre, elle et ses deux enfants en bas âge, et de payer son loyer; tout cela avec le travail de ses pauvres doigts; il sent cela, il accepte, et à preuve, c'est qu'il va vous suivre chez vous, et entrer en fonctions tout de suite; tu entends, Antoine, prends ton chapeau et suis ton beau-frère.

—Oui, ma mère, répondit Antoine, comme prenant une résolution désespérée.

En entrant dans la boutique du droguiste, en voyant toutes ces herbes empilées d'un côté, les pots d'un autre, les bocaux de sangsues, et autres bocaux, gisant çà et là; en voyant l'arrière-boutique, décorée du nom de laboratoire, un réduit obscur, sale et infect ; en voyant la petite soupente au-dessus de ce laboratoire , où un peu de paille préparée lui apprit que c'était là son lit, là, sa chambre, là, l'endroit où sa vie devait s'écouler ; son cœur se serra ; mais, que devint-il, le jeune et studieux collégien , lorsque son beau-frère, lui montrant plusieurs chaudrons empâtés de pommades ou d'autres cosmétiques, lui dit, avec l'accent de la gaîté : —Allons, mon garçon, habit bas , et récurons ces chaudrons, un peu proprement.

Bien qu'Antoine eût la mort dans le cœur, il ne répondit rien ; il ôta son habit, il releva les manches de sa chemise , il prit les ingrédiens dont son beau-frère lui dit de se servir pour récurer les chaudrons, et il se mit à frotter comme s'il n'avait fait autre chose de sa vie.

—Bravo, bravo, disait le droguiste enchanté, et prenant le désespoir du jeune homme pour du courage et de l'activité.—Bravo... sois tranquille, va, mon garçon, dans quelques jours, ces petites mains blanches deviendront aussi calleuses que les miennes... et ces beaux petits ongles s'useront comme les miens. Bravo..

si tu continues, tu feras un droguiste consommé.

—Voilà donc à quoi vont me servir dix ans d'étude! disait intérieurement l'ex-collégien, en retenant sur le bord de ses paupières les larmes qui roulaient dans ses yeux...Voilà donc à quoi va me servir, mon grec, mon latin, mon hébreu!.. Oh! mes chères études, mes chers bancs du collége!.. Oh! mon Principal!. Oh! mon cher et bon chanoine!..

Mais la voix criarde du beau frère le laissait peu à ses réflexions; c'était tantôt une chose, tantôt une autre qu'il fallait faire; toujours un travail manuel, pas un pauvre petit moment de repos, pour aller, de temps en temps, feuilleter ses chers livres qu'il avait emportés du collége.— Si, par hasard, Picard le surprenait, un Horace ou un Virgile à la main... — allons! nous paressons...mon garçon, nous paressons, lui disait-il, d'un accent moitié badin, moitié grondeur.— Nous paressons... à l'ouvrage... à la besogne...Ces livres-là, vois-tu, ça n'est plus bon qu'à faire des cornets de papier pour le sureau, la feuille d'oranger, la bourache et les quatre fleurs.. Oublions tout ça et soyons droguiste.

Comme Antoine ne se plaignait jamais, et
que madame Galland qui n'était jamais sortie
de la sphère étroite où elle avait vécu, ne désirait pas un plus heureux sort pour son fils,
le jeune homme avait beau pleurer en cachette, pâlir et laisser plomber son teint,
l'aveugle mère ne s'apercevait de rien. — Mais
il n'en était pas de même d'Annette qui vivait
avec lui. Et puis il y a dans la jeune femme,
même dans celle qui n'a pas quitté les champs,
comme une seconde vue, un instinct secret,
qui lui fait deviner les souffrances d'une jeune
imagination ardente et intelligente. Pendant
que madame Galland disait tout haut avec une
bonne foi naïve :—Antoine n'est pas fort, c'est
une nature malingre, comme celle de son père,
—Annette disait tout bas :— mon frère souffre !
Mais Antoine était si occupé, et Picard quittait
si rarement et pour si peu de temps sa boutique,
que jamais la sœur ne trouvait ni un moment
assez long, ni un endroit assez solitaire pour
interroger son frère.

Un jour l'amitié fraternelle l'inspira. — Je
vais à Montdidier demain, dit-elle à son mari ;
— peut-être reviendrais-je tard ; la nuit, j'ai

peur, tu le sais ; laisse venir Antoine avec moi,
je t'en prie.—Comme tu y vas! lui répliqua
son mari, j'ai besoin d'Antoine ici.—Oui, mais
ce que tu ne vois pas, lui répliqua sa femme,
c'est qu'Antoine pâlit et jaunit à vue d'œil; ce
garçon est jeune, toujours enfermé dans ton
laboratoire, ça n'est pas très sain pour son âge.
Il ne sort jamais, voilà bientôt un an qu'il est
ici; excepté pour aller à la messe, il n'a pas
mis les pieds hors de la maison; permets-lui
cette distraction, je t'en prie, et accorde-moi
ce plaisir.—Cette petite femme a une manière
de s'y prendre pour me demander les choses,
qu'elle fait de moi tout ce qu'elle veut, dit
Picard, hochant la tête de l'air d'un homme
qui cède à contre-cœur... Voyons... bouleverse
ma maison, change les habitudes, prends ton
frère, et laisse-moi seul au logis... — Seul...
pour un jour, dit Annette, la mine câline. —
Antoine, cria Picard, laisse les drogues, mon
garçon; mets ta veste et sers de chevalier à ta
sœur... Allons, partez tous les deux, et ne me
laissez pas souper seul... c'est bien assez de
dîner sans compagnie.

Cinq minutes après, Annette et Antoine che-

minaient tous les deux sur la route de Montdidier.

III.

LES BISCUITS.

—

Antoine, dis-moi ce que tu as sur le cœur,
fit Annette, s'appuyant avec amitié sur le bras
de son frère.—Vois-tu, mon mari a beau dire
qu'il ne faut pas avoir le cœur plus haut que
son état, tu l'as, toi, n'est-ce pas? Tu n'es pas
né pour être droguiste, n'est-ce pas? mais bien
pour être un savant. Oh! il ne faut pas hocher
la tête; je n'ai pas reçu d'éducation, moi, Antoine; je sais à peine lire et écrire, tout juste
pour signer mon nom; enfin, auprès de toi
qui sais tant de choses, je ne suis qu'une bête:

mais, je vois bien, qu'il n'y a ici à Rollot, qu'une seule personne avec laquelle tu sois à l'aise... et qui donne un peu de vie à tes yeux et à ta bouche... c'est monsieur le curé, parce qu'avec monsieur le curé, tu peux parler tous tes jargons de grec et de latin... que tu as appris au collége,— et de bien d'autres langues encore... Mon pauvre frère.., —voyons, cherchons à nous deux le moyen de te rendre heureux. Dis-moi, que puis-je faire? — Rien, chère sœur, répondit Antoine avec un soupir ; rien, qu'écouter, me répondre franchement , et te taire avec le reste de la famille.—Parle , Antoine !

—Dis-moi, Annette, est-ce que je l'ai rêvé, ou quand j'étais tout petit, n'ai-je pas entendu dire que nous avions une vieille parente à Paris? Chaque fois que j'ai fait cette question à ma mère , au lieu de me répondre , elle s'est mise à fondre en larmes. — Tu veux nous quitter, m'a-t-elle dit, tu ne te plais pas ici... — Me plaire ici, ajouta vivement le jeune homme , et le moyen ?.. ce n'est pas lorsqu'on a passé dix ans de sa vie, à étudier, à comprendre

tout le charme de l'étude, qu'on peut se rési-
gner à fourbir, à récurer des chaudrons, à
faire bouillir des herbes, ou à piler de la casse
et du séné : car voilà à quoi se borne mon emploi chez ton mari, Annette ! — Non, j'ai mordu
à l'arbre de science, et mes lèvres en ont soif,
je me meurs ici ; je manque d'air, de mouvement, de vie ; je veux quitter Rollot, je veux
aller...

— A Paris !.. acheva Annette, car son frère
effrayé d'avoir dévoilé son secret, s'était arrêté
subitement... Tu l'as dit, ma sœur, répondit
tristement Antoine... tu me blâmes peut-être ,
toi aussi. — Non, je t'approuve, lui dit sa sœur,
car vois-tu, moi aussi, j'ai de l'ambition pour
toi... je voudrais te voir riche, heureux, et je
vois bien que ce n'est pas dans la boutique de
mon mari que tu trouveras le bonheur... Tu
veux aller à Paris, n'est-ce pas?.. c'est bien ;
pour le voyage, ne t'inquiète pas ; — j'ai quelques petits écus de côté, que mon mari ne
connaît pas, et que je réservais pour t'acheter
des livres, aujourd'hui, à Montdidier... les
voici... prends... prends donc! ne vas-tu pas

faire des façons avec moi, ta sœur, et quand même, ne me les rendras-tu pas quand tu auras fait
fortune?—ajouta la bonne Annette, en mettant
dans la main de son frère, que cette dernière
phrase décida, une petite bourse de cuir très
peu gonflée, hélas, par la petite épargne de la
femme de l'herboriste.—Ce n'est pas beaucoup,
reprit-elle, comme honteuse de prier pour si
peu ; mais, enfin, il y a bien de quoi vivre dix
jours, et dans dix jours tu seras à Paris...Une
fois arrivé dans cette ville, tu t'informeras de
l'abbé Lecœur...

—L'abbé Lecœur ! interrompit Antoine, c'é-
tait un ami du Principal du collége de Noyon..
Je le connais parfaitement; mais lui... se rap-
pellera-t-il le pauvre petit collégien Antoine.

— La tante Bourniche, la sœur aînée de notre
pauvre père, est en service chez lui, depuis
vingt ans, reprit Annette... elle se porte bien ;
nous avons encore reçu une lettre d'elle, il n'y
a pas deux ans... ma foi, tiens, juste six mois,
avant ton retour ici...—Et quelle est son adresse à Paris?.. —Cloître Notre-Dame, N° 16.

— Et tu dis qu'elle est en service?.. — Chez

l'abbé Lecœur.—Quelle triste recommandation!

—Dame !.. la servante d'un abbé... ça n'est pas déjà une si mauvaise parenté , dit Annette, avec un orgueil naïf.—Que pourra-t-elle faire pour moi !..dit Antoine... peut-être pas seulement me donner un gîte...

—Oh ! la servante d'un abbé, dit encore Annette d'un ton d'importance.—Pauvre sœur! enfin , je n'irai pas moins la trouver... et, pourvu que l'abbé Lecœur ne m'ait pas oublié.. Mais ma mère, dit Antoine, un moment après, comment lui faire adopter ce voyage.— Je me charge de cela; ne t'en inquiète pas, dit Annette,

Le frère et la sœur, toujours causant de ce projet qui semblait redonner la vie à cet étiolé jeune homme, arrivèrent ainsi à Montdidier; Annette y remplit les commissions dont son mari l'avait chargée; Antoine y fit quelques petites emplettes pour sa route qu'il comptait bien faire à pied; puis, l'un et l'autre toujours bras dessus, bras dessous, s'en revinrent assez gaîment à Rollot.—Comme il faisait nuit, Annette remit au lendemain à aller parler à sa mère.

La nuit porte conseil, dit-on; l'aimable femme pensa qu'il vaudrait peut-être mieux que ce fût son mari qui portât la parole; elle employa ses plus subtiles influences pour l'y décider.

—Ne t'aperçois-tu pas, lui dit-elle, qu'Antoine change à vue d'œil, et devient à rien. J'ai idée que l'air de Rollot lui est contraire. — C'est cependant son air natal, répondit l'herboriste qui, comme beaucoup de personnes, croyait à l'air natal. — L'air natal d'Antoine, c'était l'air du collége, répondit Annette. — Il ne peut pourtant pas y retourner, reprit Picard. — Non, mais il pourrait aller ailleurs, dit Annette... tiens, Picard, reprit-elle aussitôt, je ne vais pas y aller par quatre chemins avec toi; tu as de l'esprit, tu n'es pas sans avoir remarqué que mon frère se meurt ici; mon frère est né pour être un savant, et non un herboriste; chacun fait ce qu'il peut dans ce monde, et mon frère ne peut être qu'un savant.. Quand il sera mort à la peine, le pauvre enfant, nous serons bien avancés, et ma mère aussi..—J'ai une idée que, je suis sûre, tu approuveras. Nous avons une tante à Paris, il faut lui envoyer Antoine... elle est la servante d'un abbé; un abbé ça doit être beaucoup à Paris; la tante Bourniche le recommandera à son maître, son maître le recommandera à quelque Principal de collége, et Antoine re-prendra ses études... - Que dis-tu de mon idée, Picard? - Je dis qu'elle est très bonne, Annette; mais ta mère ne pourra jamais se décider à laisser partir Antoine.—Bah! ma mère!... ne fais-tu pas tout ce que tu veux de ma mère? Ma mère n'a-t-elle pas une grande confiance dans ton savoir, dans ta raison, dans ton expé-rience?.. Tu n'es pas une bête, je te connais; tu sauras bien lui tourner les choses de manière à ce qu'elle ne dise pas non.—Il est vrai que je ne suis pas embarrassé pour parler... dit Picard avec une assurance pleine de bonhomie. Je parlerai, sa mère dira oui; mais ce ne sera pas tout... ton frère ne peut s'embarquer sans biscuits, comme dit l'autre.

—Des biscuits, dit Annette en souriant et donnant un petit coup d'amitié sur la poche de la veste de son mari... nous en trouverons bien un ou deux pour un frère...Un frère, Picard, c'est

comme un enfant... et je te l'avoue, reprit-elle
avec sentiment, — je vendrais ma croix d'or,
s'il le fallait, plutôt que de laisser partir mon
cher Antoine sans biscuits, comme tu dis.—
Allons, allons, folle, gardez votre croix d'or,
répondit Picard, mettant son chapeau et prenant
son bâton;—nous allons parler à la mère, et
quant aux biscuits... eh bien! on tâchera de
voir si on n'en trouvera pas dans quelques fentes du plancher...

Disant ces derniers mots avec une malicieuse
finesse, l'herboriste sortit de sa boutique et s'é-
loigna à grands pas.

IV.

LA TANTE BOURNICHE.

—

Tout avait réussi aux souhaits du jeune Galland. Deux jours après la conversation que
vous savez, Antoine, chargé seulement de la
bénédiction de sa mère et de quelques écus,
entra dans Paris, un dimanche du mois de
juillet de l'année 1661. La première question
qu'adressa le jeune Picard à la première personne
qu'il rencontra, en mettant le pied sur le pavé
de la capitale de la France, ce fut pour demander le cloître Notre-Dame: on le lui in-
diqua; on lui montra même le sommet de cette
église dont les deux tours dominent la ville, et
devaient servir à le guider dans le dédale des

rues qu'il lui fallait parcourir pour y arriver.
Aidé de cette espèce de boussole, il se trouva
bientôt sur la place du parvis de Notre-Dame,
au moment où la cloche sonnait la messe.

— Ma première visite doit être au bon Dieu,
dit Antoine, à qui le cœur battait fort, dans
la crainte de la réception qu'on allait lui faire.
— Puis, se mêlant à la foule des Chrétiens qui
se pressaient sous le portail, il entra dans l'é-
glise en même temps qu'une vieille femme dont
le costume picard attira son attention. Mais
bientôt le son de l'orgue, l'harmonie des chants,
la solennité des cérémonies, spectacle imposant et si nouveau pour lui, l'absorbèrent tout entier et le plongèrent dans une de ces extases pieu-
ses, douces, et qui le ravit, pour ainsi dire, à
lui-même. Les choses extérieures ont ordinairement beaucoup d'empire sur l'esprit ; ainsi
l'âme s'élève davantage vers son créateur dans un
édifice vaste, spacieux, imposant d'architecture
et de toute la magnificence qui entoure le culte
chrétien, avec tout le cortége splendide d'un
clergé nombreux, que dans une misérable église
de village, où un prêtre seul dit la messe. —

A genoux, au milieu de cette belle cathédrale,
et entouré de tout un peuple qui, comme lui ,
priait et s'identifiait avec son créateur. Antoine avait tout-à-fait oublié qu'il n'était pas
seul; les yeux levés vers la voûte de l'édifice ,
les mains jointes, il disait à haute voix ses
vœux, ses prières, ses espérances. L'office
était fini, le monde s'était peu-à-peu écoulé ,
qu'il ne songeait pas à quitter sa place.

La femme dont il avait remarqué le costume
et que le hasard avait placée près de lui, n'a-
vait pu s'empêcher de jeter de temps en temps
les yeux sur son candide et pieux voisin. Au
moment de quitter l'église, un sentiment qu'elle
ne chercha ni à comprendre, ni à définir,
lui fit jeter encore un dernier regard à la place
qu'elle venait de quitter. L'enfant y était toujours, et toujours dans le même état d'exaltation. Elle se reprocha de le laisser ainsi ;
et revenant sur ses pas, elle s'approcha de lui,
et lui frappant légèrement sur l'épaule :— L'office
est fini, lui dit-elle. — Antoine fit le mouvement de quelqu'un qu'on réveille en sursaut;
il resta un moment, comme saisi, regardant

9

autour de lui, sans avoir l'air de voir, enfin
apercevant la vieille femme qui lui souriait, il
devint pourpre, se leva vivement et prononça
un merci, si bas, si bas, qu'il était impossible
de l'entendre.—La vieille femme crut qu'il était
étranger.—Vous n'êtes pas français, lui dit-elle.
—Pardonnez-moi, Madame, répondit-il, je suis
picard.— Picard! de quel endroit? demanda vivement la femme: de Rollot, près de Montdidier, dit Antoine.— Et vous en venez?—J'arrive ce matin.

Oh! vous connaissez sans doute les Galland,
n'est-ce pas?—la veuve Galland, c'est ma sœur,
la petite Picard, la femme de l'herboriste,
c'est ma nièce. Savez-vous ce qu'est devenu le
fils qu'on avait envoyé au collége de Noyon?.Oh!
si vous les connaissez, parlez-moi d'eux : dit
la vieille femme avec une telle volubilité,
qu'Antoine ne trouvait pas à placer son mot;
au moment qu'il allait répondre, elle reprit
avec la même volubilité. — Il y a vingt ans que
je les ai quittés; je les ai quittés pour me marier, un beau mariage...mon mari était cor-
donnier, il mourut l'année de nos noces, et

comme je n'avais pas d'enfants, la famille reprit la fortune. Moi, je restai sans rien, avec
les yeux pour le pleurer, ce pauvre cher homme!
voilà tout... Nous chaussions la mère de l'abbé
Lecœur; il y avait une paire de souliers à lui
rendre après la mort de mon mari, j'allai la
lui porter, et comme elle m'en commandait
d'autres, je lui racontai mon malheur; ça l'at-
tendrit la bonne dame; elle me demanda ce que
j'allais faire;—entrer en service, ou retourner
au pays, lui répondis-je.—Eh bien, entrez chez
moi, la Bourniche, qu'elle me dit;—ma foi, j'ac-
ceptai, et je m'en trouvai bien. Il y a dix neuf
ans que nous sommes ensemble, et nous pouvons nous flatter, l'une et l'autre, que nous n'a-
vons jamais eu le plus petit mot à nous reprocher. Je suis contente d'elle, elle est contente
de moi... Mais vous ne me dites pas si vous
connaissez ma famille, jeune homme?

—Je suis Antoine Galland, votre neveu, dit
Antoine, choisissant, pour glisser cette phrase,
l'instant où la Bourniche respirait.

—Antoine..mon neveu!..s'écrie la Bourniche,
qui, tout en parlant, ainsi que son neveu, était

sortie de l'église, et se dirigeait vers le cloître
Notre-Dame.—Antoine Galland, mon neveu!..
reprit-elle, en arrêtant le jeune homme tout droit
dans la rue, et l'examinant avec avidité.—Mais
oui...c'est tout l'air de son père, mon pauvre
frère, avec les beaux yeux de sa mère, et son
visage délicat..Comment vont ta mère, son gendre et tes six frères et sœurs?—Tout le monde
se porte bien, tante.—Et qu'es-tu venu faire
à Paris? tout seul.

—Vous voir, vous demander votre protection,
chère tante.—Pauvre chéri, dit la tante Bourniche....Mais nous voici arrivés chez nous....
entre...suis-moi...suis-moi donc, je veux te
présenter à ma maîtresse...et comme Antoine
honteux n'osait entrer, sa tante le prit par le
bras, en riant aux éclats, et le poussant avec
force, elle l'obligeait à monter les escaliers. Une
voix partie du premier étage, s'écria : – Quel
bruit vous faites, la Bourniche! Que vous est-il
donc arrivé?—Un neveu, Madame, un neveu,
s'écria la vieille servante, qui, ainsi que son
neveu, atteignait l'étage où se trouvait madame Lecœur;—C'est Madame; salue Antoine.

C'est mon neveu, n'est-ce pas qu'il est gentil , dit-elle à sa maîtresse.

Le neveu restait debout devant la dame qui l'examinait en silence; elle lui fit signe de la suivre , il obéit. La Bourniche marchait derrière son neveu, en répétant, c'est mon neveu; que je suis heureuse ! c'est mon neveu...Moi qui avait tant d'envie de voir quelqu'un des miens....

Arrivée dans son salon, madame Lecœur s'assit, et regardant toujours avec bonté le jeune picard qui se tenait debout devant elle, timide , respectueux, mais cependant sans paraître trop embarrassé. Elle lui dit : Depuis quand êtes-vous à Paris, mon enfant ?—Depuis ce matin, Madame. — Comment êtes-vous venu de votre pays ici ?— A pied, Madame.—A pied, s'écria madame Lecœur.... la Bourniche, fais asseoir ton neveu... Vous devez être bien fatigué, n'est ce pas, ajouta-t-elle avec intérêt? —Pas trop, Madame, répondit Antoine, en s'asseyant.—Et qu'êtes-vous venu faire à Paris , mon enfant? demanda encore la maîtresse de la Bourniche.—Essayer de continuer mes études,

Madame, dit Antoine en baissant la tête avec
une grande modestie. — Vous avez donc fait des
études, dit madame Lecœur surprise.—J'ai été
élevé à Noyon par le Principal du collége, et
par l'aumônier de la cathédrale, monsieur
Tempier.—Mon fils a beaucoup connu cet aumônier, dit la dame.—J'ai vu chez mon protecteur l'abbé Lecœur, dit Antoine.—C'est mon
fils; —mon fils vous connaît donc, dit madame
Lecœur.—Monsieur l'abbé Lecœur m'a vu,
mais me connaît-il? mais se rappelle-t-il seulement
de m'avoir vu, dit Antoine: j'étais comme perdu
dans la foule des enfants qui le saluaient lorsqu'il
entrait au collége ou qu'il en sortait.—N'importe,
mon enfant; je lui parlerai de vous, reprit la
vieille dame. Dites-moi ce que vous désirez;
faites-moi part de vos idées; vos réponses me
plaisent, vos manières sont convenables, et
puis, vous êtes le neveu de ma bonne et vieille
Bourniche; je m'intéresse à vous, je voudrais
vous être utile, parlez!.. Quelle était votre
idée, quels étaient vos projets en quittant
votre pays, et en venant à Paris à pied, trouver votre tante. J'espérais, Madame, dit Antoine,

qu'avec la protection de ma tante auprès de Monsieur votre fils, je pourrais parvenir à entrer dans n'importe quel collége, n'importe sur quel pied, même celui de domestique.—Pourquoi celui de domestique, plutôt dans un collége qu'ailleurs, demanda madame Lecœur.—Parce que dans un collége, il y a des livres... dit Antoine en hésitant... il y a des maîtres... des leçons... des élèves.—Eh bien! mon enfant?.. demanda madame Lecœur curieuse.—Enhardi par la bonté presque familière de cette question, Antoine répondit :—En faisant bien mon service, j'obtiendrais quelques récompenses soit des maîtres, soit des élèves ; aux uns, je demanderais la permission d'écouter... aux autres... les enfants sont bons entr'eux.... je leur emprunterais leurs cahiers... leurs livres.—Mais mon enfant, reprit madame Lecœur, déguisant mal l'émotion que lui causaient les réponses d'Antoine, vous ne songiez pas que vos journées ne vous appartiendraient pas.—Mais, j'aurais mes nuits, Madame, répondit vivement Antoine. —Charmant, charmant enfant, s'écria la maîtresse de la Bourniche ; oui, vous méritez

qu'on s'intéresse à vous.— Mon fils connaît
beaucoup monsieur Petitpied, docteur de la
Sorbonne, et par la protection de cet ami,
j'espère vous avoir mieux qu'une place de domestique.. Allez, mon enfant, allez avec votre
tante ; vous n'avez peut-être pas déjeûné, et
je vous fais causer sans seulement m'en informer..Allez !.. la Bourniche, fais déjeûner ton
neveu, prépare-lui le petit cabinet qui est en
face de la chambre, là-haut, et aussitôt que
mon fils sera rentré, viens m'avertir, je veux
moi-même lui présenter Antoine.

Effectivement, mon cher lecteur, monsieur
Petitpied, charmé et interessé par la hardiesse
de la résolution d'Antoine, fut très utile au
petit picard ; grâce à ce docteur, Antoine se for-
tifia dans l'hébreu et les autres langues orientales ; il suivit les cours du collége royal, il put
même commencer *le catalogue des manuscrits
orientaux de la Sorbonne.* En 1670, il venait
d'entrer chez monsieur Goduin, professeur au
collége Mazarin, lorsque monsieur de Mointel
partit pour son ambassade de Constantinople.
Ayant entendu parler du jeune Galland dont on

commençait déjà à louer les travaux et le talent, il l'emmena avec lui, et l'employa à tirer des églises grecques des attestations en forme sur les articles de leur foi, grand sujet de dispute entre Arnaud et le ministre Claude. Galland suivit encore monsieur de Mointel dans son voyage à Jérusalem et en profita pour copier une foule d'inscriptions. De Syrie, il revint directement en France d'où il repartit aussitôt pour le Levant, dans l'intention de rassembler de nouvelles médailles. En 1679, chargé par la commission des Indes de rassembler de quoi enrichir encore le cabinet de Colbert, ministre de Louis XIV, il refit un troisième voyage. Colbert étant mort, Louvois, son successeur, lui ordonna de continuer ses recherches, et le fit nommer antiquaire du roi.

Ce fut à cette époque, qu'étant encore à Smyrne et sur le point de revenir en France, il pensa être écrasé par un tremblement de terre qui ébranla toutes les maisons de cette ville ; plusieurs même s'écroulèrent, entr'autres celle qu'habitait Galland !.. Il ne dut la vie qu'au hasard qui plaça plusieurs décombres en croix au-dessus de sa tête, et lui permit de respirer jusqu'au lendemain matin, où à grande peine, on le tira de là.

A son retour en France, placé dans une situation paisible; au milieu d'une belle bibliothèque et d'une nombreuse collection de médailles, versé qu'il était dans la connaissance de l'Arabe, du Persan et du Turc, langues qu'il s'était rendues familières pendant son séjour en Orient; Antoine Galland profita de cette retraite pour s'occuper de divers ouvrages, d'un entr'autres, fruit de l'imagination la plus riche et la plus vaste, des *Mille et une Nuits.* Il prit avec lui son neveu Julie n Galland, qu'il éleva et à qui il communiqua son goût pour les langues orientales. En 1701, le roi admit Antoine Galland à l'académie des inscriptions, et en 1709, il obtint la chaire d'Arabe au collége royal de France.

« Galland, dit monsieur de Boze, travaillait » sans cesse, en quelque situation qu'il se trou- » vât, ayant très peu d'attention sur ses be- » soins, n'en ayant aucune sur ses commodités; » remplaçant, quand il le fallait, par ses seu-

» les lectures, ce qui lui manquait du côté des
» livres ; n'ayant pour objet que l'exactitude et
» allant toujours à sa fin, sans aucun égard
» pour les ornements qui auraient pu l'arrê-
» ter. Simple dans ses mœurs et dans ses ma-
» nières, comme dans ses ouvrages, il aurait
» toute sa vie enseigné à des enfants, les pre-
« miers éléments de la grammaire, avec le
» même plaisir qu'il eut à exercer son érudi-
» tion sur différentes matières. Homme vrai,
» jusque dans les moindres choses ; sa droiture
» et sa probité allaient au point que, rendant
» compte à ses associés de sa dépense dans le
» Levant, il leur comptait un sol ou deux,
» quelquefois rien du tout, pour des journées
» qui, par des conjonctures favorables, ou
» même par des abstinences involontaires, ne
» lui avaient pas coûté davantage.»

Bien qu'Antoine Galland ait fait un très grand
nombre d'ouvrages savants et sérieux, celui qui
est devenu le plus populaire est, sans contredit,
les Mille et une Nuits.. Lorsque les deux premiers volumes de cet ouvrage parurent, leur
auteur éprouva une singulière mystification.

Au milieu d'une nuit d'hiver (il faisait un
très-grand froid), soudain Antoine Galland fut
réveillé en sursaut, par plusieurs coups frappés
fortement à la porte de la rue ; notre savant se
lève, passe à la hâte une robe de chambre,
court à la croisée, l'ouvre, et, malgré l'obscurité, distingue plusieurs personnes assem-
blées devant sa porte. —Qui est là, dit-il?—Plusieurs voix répondent à la fois : — Est-ce ici la
demeure de monsieur Antoine Galland ?—Oui,
répond-il lui-même. — Vous en êtes bien sûr?
répliqua-t-on :

—Très sûr, dit Galland, riant en lui-même
de cette assertion qu'on réclamait de lui.

—C'est que voyez-vous, dit une des personnes arrêtées, ce que nous avons à dire,
nous ne pouvons le dire qu'à lui-même. — Alors,
parlez, sans crainte, répond Galland, et hâtez-
vous, car le vent me souffle au visage d'une
manière peu agréable ;—c'est moi qui suis
Antoine Galland.

—Parle, dit alors un des interlocuteurs à son
voisin.—Parle toi-même, répond celui-ci.—
Non, c'est moi qui veux parler, dit un troisième.

—Ah! Messieurs, s'écrie un quatrième, vous me laisserez bien la parole.

— Pour l'amour du ciel, Messieurs, s'écrie Galland qui se morfondait de froid, dépêchez-vous, je gèle.

Le même colloque recommença, et Galland, avec une patience admirable, répétait tout en grelottant,—pour l'amour du ciel, Messieurs, dépêchez-vous, car je gèle.

Alors, en chœur, et comme s'ils chantaient un morceau d'ensemble, les jeunes gens qui avaient troublé le sommeil de l'orientaliste se mirent à crier à la fois :—Ah! monsieur Galland, si vous ne dormez pas, contez-nous un de ces contes que vous contez si bien !

Faisant ainsi allusion aux deux premiers volumes des Mille et une Nuits qui venaient de paraître, et dont l'exorde de chaque chapître commençait ainsi : — *Ma chère sœur, si vous ne dormez pas, contez-nous un de ces contes que vous contez si bien.*

Antoine Galland avait trop d'esprit pour se fâcher de cette facétie; il se mit à rire, et répondit, demain, Messieurs, au revoir. Il referma sa croisée, et regagna son lit, où il ne tarda pas à retrouver sa chaleur, un peu perdue à la croisée... Toutefois, il profita de la leçon, et publia ses autres volumes, sans cet exorde.

Antoine Galland mourut à l'âge de 69 ans, le 17 février 1715.

FIN.

WOLFGRAND MOZARD.

LE PETIT SORCIER

ou

UN ÉPISODE DE LA VIE DE WOLFGRAND MOZART.

Près de Prague, sur le côteau vineux de Ko-
soheez au pied duquel coulent à grand bruit
les eaux belles et rapides de la Moldau, qui
vont se perdre dans les vertes forêts de la
Bohême, était bâtie une modeste maison qui
jadis avait appartenu à Dusseck. Là, dans une
mauvaise chambre de cette petite maison étaient
rassemblés un soir, un musicien, ancien maître de chapelle de Prague, sa femme et deux
enfants, un petit garçon âgé de six ans, et une
petite fille qui n'en avait pas onze. La misère

la plus profonde semblait régner parmi cette
famille. Il faisait froid, et aucune étincelle de
feu ne brillait dans l'âtre; les vêtements des enfants étaient encore assez bons; mais l'habit
noir du père était râpé à n'y voir que la corde;
la robe de la mère était d'une étoffe si mince et
si usée qu'à peine on en devinait la qualité première; quatre chaises de paille et une mauvaise
épinette formaient tout l'ameublement de cette
chambre.

Un morne silence, et que chacun semblait
craindre d'interrompre, pesait sur chaque mem-
bre de cette famille. La mère filait tristement,
le père lisait dans un grand livre, qu'à sa
forme on devinait être une Bible ; la petite fille
tricotait un bas de laine, et le petit garçon qui
depuis un moment n'avait cessé de tourner et
de retourner autour de son père, de sa mère
et de sa sœur, en affectant à chaque fois de
faire assez de bruit pour en être remarqué, s'é-
lança d'un petit air de colère vers l'épinette,
grimpa à grand'peine sur un tabouret qui ex-
haussait ses mains à la hauteur des touches, et
se prit à jouer. Il fit d'abord quelques gammes

avec un aplomb et une précision dont on n'aurait jamais jugé capable une petite créature aussi faible et aussi jeune; puis, soudain s'animant, de la gamme il passa aux accords, des accords à une sonate de Dusseck, et après, s'abandonnant à une imagination capricieuse et enfantine, ses petits doigts volaient sur le clavier, frappant chaque touche, tantôt d'une force à faire vibrer les vitres, tantôt avec des modulations si expressives, que les larmes venaient aux yeux de ceux qui l'écoutaient.

Le père avait cessé de lire, la mère de filer, la jeune fille de tricoter, pour écouter cet enfant merveilleux.

—Viens m'embrasser, viens, maître Wolfgrand, s'écria le maître de chapelle avec un enthousiasme d'artiste et de père; viens, tu seras un jour, avec l'aide de Dieu, de la vierge de Lorette et du grand St-Jean Népomucène, un grand maître, un grand compositeur, un grand homme... Pauvre enfant; que ne suis-je plus riche, pour vous rendre plus heureux!

—Dis-moi? mon papa, répondit Wolfgrand,

enhardi par les caresses de son père, quand
souperons-nous? j'ai bien faim. —Pauvre enfant ! dit la mère d'un accent douloureux ,— et ,
se levant, elle alla ouvrir une armoire, prit un
morceau de pain tout coupé, et l'apporta à son
fils.—Mange, lui dit-elle en essuyant une larme ; mange, je n'ai pas autre chose à te donner.

— Et pour ma sœur? demanda Wolfgrand
en prenant le morceau de pain.—Il y en a un
pareil qu'elle prendra quand elle aura faim, dit
la mère.— Et pour toi, ma bonne maman? dit
encore Wolfgrand. —Moi... Je n'ai pas faim ,
dit la mère.—Et papa? ajouta l'enfant, sur les
traits duquel on lisait une certaine inquiétude.
—Ton père...aussi...n'a pas faim , dit la mère,
ne pouvant plus retenir ses larmes.

Alors la jeune fille laissa tomber son ouvrage, courut à sa mère, se jeta dans ses bras, et
lui cria en sanglotant.

—Il n'y a pas de pain pour papa et pour toi,
c'est pour ça que vous dites n'avoir pas faim,
eh bien! moi aussi, je n'ai pas faim, oh ! ma
chère maman.

Le petit Wolfgrand regardait sa mère, sa

sœur et ne mangeait pàs. —Non, ma fille, mon
amour, je n'ai pas faim, je te le promets; mange ton pain en toute conscience, ma Fédérica.
—Eh bien, oui, maman, mais à une condition,
tu le partageras avec moi. — Et moi je parta-
gerai avec papa, dit Wolfgrand, coupant son
pain en deux et en offrant la moitié à son
père. —Prends donc, prends donc, papa, ajouta-
t-il en frappant du pied ; prends, ou, aussi
vrai que je m'appelle Wolfgrand Mozart, je ne
touche pas à ma moitié.

Une larme tomba des yeux du pauvre musicien sur le pain que son fils lui offrait.

—Fais ce que veulent nos enfants, ma femme, dit-il, en faisant un signe à sa femme;
mon Dieu! pourquoi suis-je si pauvre?

—Tu es donc bien pauvre, mon papa, demanda Wolfgrand avec une touchante ingé-
nuité. — Hélas, oui! répondit le maître de chapelle; et pourtant, mes enfants, depuis votre
naissance, et auparavant, puis-je dire, depuis
que je suis marié, je me suis certainement rendu la vie bien amère, pour fournir successivement à l'entretien de deux ménages, celui de

ma mère et celui de ma femme, et de sept enfants que j'avais de mes deux mariages. Si je
pouvais vous compter, mes enfants, que de
couches, que de maladies, que de morts, que
de frais en tout genre j'ai eu à supporter, vous
vous assureriez par vous-mêmes que non seulement je n'ai pas donné une seule fois dans ma
vie un liard pour mes plaisirs, mais qu'en dépit
de tous mes efforts, je n'aurais pu m'empêcher
de contracter des dettes sans une grâce spéciale
de Dieu.

—C'est bien vrai, dit la femme du musicien
en soupirant.

Les deux enfants écoutaient leur père, la
bouche béante, et sans encore entamer leur
pain.—Le maître de chapelle reprit: — Toutes
mes heures, je les ai consacrées à vous deux,
mes enfants, dans l'espoir qu'un jour vous
pourriez vous suffire.—Et à toi aussi, mon père,
interrompit la jeune Fédérica.

—Dans le fait, ma sœur, dit Wolfgrand
d'un air sérieux qui contrastait avec sa mine
enfantine et sa voix flûtée, puisque papa a
travaillé pour nous jusqu'à ce jour, nous pour-

rions bien travailler pour lui à notre tour.—
Mais tu es trop jeune, trop petit, dit le père
ému.—Trop petit! reprit Wolfgrand, comme
indigné de ces paroles,—trop petit! je suis bientôt aussi grand que mon piano.

, —Pauvre cher amour! dit la mère en passant ses doigts longs et maigres dans les blonds
cheveux de son enfant, eh, que saurais-tu
faire, que pourrais-tu faire, toi, si délicat et
si jeune?—Papa qui s'y connaît, dis que je suis
déjà un grand maître sur le piano; eh bien, je
donnerai des leçons.

Le père et la mère sourirent au milieu de
leurs larmes.

—Et à qui donneras-tu des leçons, où trou-
veras-tu des écoliers plus petits que toi? dit la
dernière en le baisant au front.

—J'en donnerai à de plus grands; la belle affaire!—Mon frère pourrait bien avoir raison,
ma mère, dit Fédérica. Ecoute; l'autre jour,
en me promenant avec lui près de ce grand
château que vous voyez de la fenêtre, la dame
du château m'a appelée, m'a demandé si nous
étions les enfants de Mozart, le maître de cha-

pelle, j'ai dit oui ; alors elle m'a dit, en montrant Wolfgrand : - C'est donc ce petit qui joue si admirablement du piano? - A votre service, madame, a répondu mon frère. Sur quoi, la dame nous a priés d'entrer; et elle a invité Wolfgrand à s'asseoir au piano, — un bien beau piano, papa, il y avait des fleurs d'or incrustées dans le bois;—et puis la dame a été si contente de Wolfgrand, de moi, car moi aussi j'ai joué, qu'elle nous a donné un beau ducat; tu le sais bien, maman, je te l'a donné.—Et tu m'as aussi raconté cette histoire, ma fille, dit la mère, pourquoi la redis-tu?

—Oh! je comprends bien, moi, dit Wolfgrand; si papa veut, nous irons ma sœur et moi courir le pays : nous sommes gentils, Fédérica aussi est fort jolie; la dame du château l'a dit; nous irons partout, partout on nous fera jouer du piano, partout on nous donnera des ducats, nous te les donnerons, et tu ne seras plus pauvre, tu seras riche.

—Dis donc, femme, ce n'est pas une si mauvaise idée, dit le maître de chapelle, en hochant la tête.—Mais ça les fatiguera, reprit la

tendre mère. - Ça fatiguera peut-être Fédérica,
dit Wolfgrand, mais moi, je ne me fatigue pas
si aisément; j'ai descendu et monté au moins
vingt fois aujourd'hui le côteau où nous sommes, et certes, je recommencerai si papa voulait.—Oh! moi, dit Fédérica, le bonheur d'être
utile à mes parents fera que je ne sentirai pas
la fatigue.

— Pauvres chers amours! non, je ne suis
pas malheureux, s'écria Mozart avec une ex-
plosion de sensibilité; non, quand Dieu a donné à un homme deux anges comme vous, mes
enfants, non, cet homme ne peut pas se dire
malheureux!

—Léopold, dit la femme d'un air inquiet à
son mari, est-ce que tu comptes donc mettre
à profit les talents de ces pauvres petites créa-
tures?—Et pourquoi pas, ma femme, si c'est
la volonté de Dieu? répondit Mozart.

—C'est que j'ai peur...

—Peur! de quoi, maman, demanda le petit
Wolfgrand. Je n'ai point peur, moi, j'entrerai
très bien dans un salon, je me mettrai au piano, tu verras. . et je jouerai... je jouerai tou-

jours... jusqu'à ce que papa me dise assez.—
Et puis, quand mon frère sera fatigué, je pren-
drai sa place, dit Fédérica... Oh! ma chère
maman, ne t'oppose pas à notre projet... je
prierai Dieu matin et soir pour qu'il nous donne
la force de vous soulager... maman.—Oh! oui,
ma petite maman, reprit Wolfgrand, en la
caressant. Tu verras, je serai bien sage, et je
gagnerai beaucoup d'argent... C'est toi qui me
l'as dit, Dieu protége les enfants obéissants...
donc il nous protégera ; et le grand saint Jean
Nepomucène aussi... Mais j'ai fini de souper ;
papa, conte-moi l'histoire de saint Jean Nepomucène, dont la statue est si grande, sur le pont
de la Moldau : j'irai me coucher après .. mon
papa.

—Mais tu la sais par cœur, lui dit sa sœur.
— C'est égal, ça m'amuse de l'entendre, et
puis ça m'endort ; et si papa veut me faire ce
plaisir.— Oui, mon ange, dit le père ; et asseyant Wolfgrand sur ses genoux, il commença
ainsi :

—Il y avait à Nepomuc un vicaire de l'archevêque de Prague, qui se nommait Jean

Welfin : c'était un bien saint homme, craignant Dieu, et faisant l'aumône tant et si bien,
que souvent il ne lui restait plus rien pour vivre.
Un jour le roi Winceslas, qui régnait alors,
l'envoya quérir et lui dit :—Jean Welfin, je te
somme de me raconter la confession que tu as
reçue ces jours derniers de l'archevêque de Prague, de qui je suis fort mécontent.—La confession d'un homme est chose sacrée pour celui
qui la reçoit, Sire, répondit le vicaire. — Je
prends sur moi la responsabilité de la faute,
reprit le roi, et je t'ordonne de me la dire.

Mais Jean Welfin était un homme juste et
droit ; ni prières, ni menaces, ni promesses
ne purent rien obtenir de lui. Le roi, furieux
de sa résistance, ordonna sa mort. Alors, par
une nuit bien noire, le pauvre vicaire fut traîné
sur le pont de la Moldau, juste à la place où est
élevée sa statue, et de là précipité dans le fleuve.
Depuis, Jean Welfin, qui n'était qu'un pauvre
homme sur terre, est maintenant le représentant de la Bohême dans le royaume des cieux ;
c'est pour cela, mon petit Wolfgrand, que je
le prie, soir et matin, pour toi et pour ta sœur.

10

—Ici, le maître de chapelle cessa de parler, car il s'aperçut que son enfant s'était endormi sur ses genoux.

—Vois sa faiblesse, dit la femme de Mozart, en prenant Wolfgrand et le déshabillant pour le coucher, vois ! et tu voudrais le faire voyager, lui faire gagner sa vie !— Dieu est grand, ma femme, répondit Mozart, il donne la force aux faibles, le courage aux plus timides, et la réussite à celui qui a foi en lui; demain, je me mettrai en route avec mes enfants, demain, tu feras dire trois messes à la chapelle de la Vierge de Lorette, trois autres à l'église de Maria Plain, deux à l'autel de saint François de Paule, et deux à la paroisse de notre grand saint Jean Népomucène... et avec ça, nous ne pouvons pas manquer de réussir.., prépare nos paquets, ma femme, car le soleil de demain en se levant nous trouvera déjà loin d'ici. — Que la volonté de Dieu s'accomplisse, dit la bonne mère, en obéissant à son mari.

II.

Un soir, à Vienne, il y avait un grand concert chez l'impératrice d'Autriche, Marie-Thérèse, femme de l'empereur François 1er. La plus brillante société était déjà réunie dans les salons, on ne voyait que plumes, diamants, habits brodés, robes éclatantes, lorsqu'au grand étonnement de chacun, un homme vêtu fort modestement, suivi de deux enfants, parut à la porte du salon principal. La contenance de cet homme était respectueuse et modeste, celle des enfants paraissait plus assurée, et point intimidée de tout ce luxe, de tous ces grands seigneurs, de toutes ces belles dames qui les regardaient avec curiosité.

—Est-ce là ce maître de chapelle et ses enfants si merveilleux dont tout Vienne s'entretient? demanda l'impératrice à son maître de cérémonie.—Oui, madame, répondit-il, et je puis assurer à sa majesté que rien ne les égale;

je les ai entendus hier soir chez l'ambassadeur français, où j'avais l'honneur d'être invité ; la petite est très forte, mais le petit garçon est plus surprenant encore. — Faites-les commencer, dit l'impératrice.

Le maître de cérémonie invita Mozart à faire mettre ses enfants au piano ; le maître de chapelle les conduisit lui-même vers l'instrument , devant lequel il les fit asseoir tous deux. La jeune Fédérica était vêtue d'une robe de taffetas blanc broché , le petit Wolfgrand avait un habit de drap lilas et une veste de moire de la même couleur, le tout , bordé d'un large et double galon.

Fédérica commença ; son exécution était si nette, si brillante, que chacun s'extasiait sur cette pâle et délicate enfant ; quand elle eut fini, un concert d'éloges s'éleva autour d'elle.

—Ce n'est pourtant rien , dit-elle à ceux qui la complimentaient, en comparaison de mon frère ; et la jeune fille veilla avec une attention toute maternelle à ce que son frère fût bien assis , commodément, et assez élevé pour que les mouvements de ses petits bras ne fussent pas gênés.

Alors le petit enfant souriant à tous ceux qui l'entouraient, posa ses petites mains sur le clavier, et sans efforts, sans avoir l'air de se douter que son talent pût exciter l'admiration générale, il laissa ses petits doigts aller, venir, courir ; ils semblaient se jouer avec les touches qu'ils abaissaient, qu'ils levaient successivement, et sur lesquelles ils volaient, en tirant, à chaque fois qu'ils les touchaient, des accords purs, graves, sonores, suaves, harmonieux. Tous les regards étaient suspendus à ses petits doigts, si agiles, si fluets et si expressifs ; le maître de chapelle le plus exercé n'aurait pu avoir autant que cet enfant une connaissance plus approfondie de l'harmonie et des modulations. L'admiration et l'intérêt gagnaient tous les cœurs ; on couvrit le clavier d'une serviette ; et l'enfant avait une telle habitude du clavier, qu'il joua sous la serviette avec la même précision et la même rapidité. L'empereur, l'impératrice, toute la cour étaient dans l'enchantement.

Quand Wolfgrand s'arrêta, essouflé, fatigué, et son pauvre petit front tout couvert de sueur, l'impératrice lui fit signe de venir l'embrasser, il se leva pour obéir, mais, tout étourdi qu'il était du bruit des éloges et des lumières, encore engourdi d'être resté si long-temps assis, au premier pas qu'il hasarda sur le parquet ciré et luisant, il glissa et tomba; une jeune dame se précipita de sa place pour le relever.

—Vous êtes-vous fait mal, mon petit ami? lui dit-elle avec le plus touchant intérêt.

Comme ébloui de la beauté de cette dame, l'enfant resta un moment sans répondre, puis, retrouvant sa voix, et serrant dans ses deux petites mains délicates, la main toute aussi délicate de la jeune dame, il s'écria :

—Vous êtes bien belle, madame, je veux vous épouser.—Un éclat de rire répondit à ses paroles; mais, sans se déconcerter, l'enfant reprit :—On m'appelle Maître Wolfgrand Mozart, et vous, comment vous nomme-t-on?

—Moi, Marie-Antoinette, répondit la jeune dame, avec une voix qui allait au cœur.

Hélas? mes enfants, cette femme que Mozart enfant se choisissait si ingénûment, c'était l'archiduchesse d'Autriche, la future reine de

France; la pauvre fille n'eut pas tant de bonheur que de devenir la femme de Mozart. Plus
tard, le jour où le grand compositeur était couronné publiquement, et salué par les vivats de
la population de Vienne, ce jour-là, la jeune
et belle Marie-Antoinette, la reine de France,
la femme de Louis XVI, montait sur un échafaud.

Telle est la destinée, mes enfants; Dieu la
tient en son pouvoir, et la cache à tous les hu-
mains; mais quelle qu'elle soit, triste ou gaie,
pauvre ou riche, une bonne conscience vous
console de l'infortune, ou vous fait sentir plus
vivement le bonheur que vous possédez.

Mais revenons à mon jeune héros, assis pour
le moment, sur les genoux de l'impératrice,
et recevant de sa royale main, bonbons, fleurs
et cadeaux de toute espèce.

—Comme il a chaud! dit l'impératrice, essuyant le front du petit musicien avec un mouchoir de batiste parfumé; tu dois être bien fatigué, n'est-il pas vrai, mon petit?

—Mais, non, madame, répondit Wolfgrand
croquant une dragée. Je suis si content de faire

plaisir à mon papa, que je ne sens jamais la fatigue.

—Bon petit cœur, reprit l'impératrice, tu l'aimes donc bien, ton papa?—Oh! madame, il est si bon! jamais il ne me gronde.— C'est que tu es bien sage.

— Oh! pour ça, oui; mais c'est si facile d'être sage! je n'ai qu'à faire ce que papa veut, et je suis toujours sage.

— Pourtant ça doit bien t'ennuyer de toujours jouer du piano.—Dame! ça ne m'amuse pas tous les jours, mais mon papa dit qu'il ne faut pas toujours faire que ce qui amuse.

—Sais-tu que, si tu continues, tu seras un jour un grand musicien?—Je l'espère, madame; quand je serai grand, je ferai des opéras, des grands opéras. Oh! que mon papa sera content, quand il verra, par exemple, son fils couronné!

—Et toi, seras-tu content?

—Quand mon papa l'est, moi, je le suis,

—Et de qui sont les morceaux que tu viens de jouer, mon petit *sorcier*, lui dit l'empereur en s'approchant aussi de l'enfant, et passant ses doigts dans ses beaux cheveux blonds?—Il

y en a un de Bach, monsieur, répondit l'enfant,
sans cesser de croquer les dragées que l'impératrice et les archiduchesses lui présentaient. —
Il y en a deux de Haendel, et trois de moi. —
Oh! la belle dragée, merci, madame, donnez-
la à Fédérica de ma part.

—De toi! de la musique de toi! s'écria l'empereur et l'impératrice à la fois; et quel âge as-
tu?—Huit ans, madame. Voulez-vous me donner à boire? maintenant, j'ai assez de bonbons.

—Mais mon petit *sorcier*, car tu mérites
réellement ce nom, comment fais-tu, à ton
âge, pour autant travailler; où puises-tu tant
de patience et tant de courage?—Oh! monsieur,
c'est à mon père que je dois tout ça, répondit
l'enfant, en cherchant des yeux son père dans
la foule, et lui faisant un petit signe d'amitié.

—Est-ce qu'il te force à travailler autant?—
Me forcer! lui, mon père;—il me dit seulement
que ça lui fait plaisir, et voyez-vous, monsieur,
il n'y a rien que je ne fasse pour faire plaisir à
papa.

—Et quelle récompense te donne-t-il après?
—Qu'appelez-vous récompense?

—Une chose qui puisse te faire plaisir...— Je comprends; eh bien! ma récompense est, tous les soirs, quand je me couche, d'entendre mon père dire au bon Dieu, les larmes aux yeux :—Je te remercie, mon Dieu, de m'avoir donné des enfants comme les miens.

C'est en pensant ainsi, mes petits amis, qu'un enfant fait son chemin, devient homme et arrive à son but.

En quittant la cour de l'empereur d'Autriche, Mozart se rendit à Paris, où il se fit entendre dans deux concerts publics; son portrait fut gravé et enlevé par tous les amateurs. De Paris, le jeune virtuose se rendit en Angleterre; là aussi, même succès, même enthousiasme. Il parcourut ainsi les Pays-Bas et la Hollande. Au bout de trois ans d'absence, il revint à Saltzbourg, et se livra exclusivement à l'étude de la composition. En 1768, il reparut à Vienne, âgé de 12 ans; l'empereur Joséph II lui donna un opéra bouffa; il composa la *Finta Simplice*. Le célèbre abbé Métastase fit éclater, pour le eune artiste, l'admiration et l'amitié la plus sincère. Deux ans après, la réputation de Mo-

zart était si grande, que le théâtre de Milan le
choisit pour écrire *l'opéra seria* de la saison.
Mozart, âgé de 14 ans, composa et donna son
Mithridate, qui eut vingt représentations de
suite. Et savez-vous, mes amis, comment ce
jeune et précoce compositeur se délassait de ses
travaux ? — Quand ses doigts étaient trop fati-
gués à tracer des notes ; quand sa tête et son
front d'enfant brûlaient de la chaleur de son
génie, il quittait tout : musique, piano, plume,
papier, et il se mettait à faire des cabrioles, au
milieu de la chambre ; — oui, des cabrioles, mes
petits amis. Ce sont ordinairement les meilleurs
et les plus heureux naturels qui conservent tard
ce caractère d'enfance et de gaîté qui fait honneur, même aux plus grands hommes.

Après s'être fait admirer en France, en Italie, en Suisse, en Angleterre et en Allemagne,
Amédée Wolfgrand Mozart revint à Paris ; ce
fut en 1776, la même année où Gluck mit sur
la scène son *Alceste*. Après la première représentation de ce chef-d'œuvre, qui fut peu goû-
té des parisiens, Gluck, assis dans le foyer,
recevait quelques félicitations des véritables

connaisseurs et des compliments de condo-
léances des profanes; soudain un enfant tout
en pleurs s'élance dans la salle et se précipite
dans ses bras, en s'écriant avec des sanglots :
—Ah! les barbares, ah! les cœurs de bronze!
que faut-il donc pour les émouvoir?

—Console-toi, petit, répondit Gluck, dans
trente ans, ils me rendront justice.

Le professeur ne se trompait pas.

Mozart perdit sa mère à Paris, ce qui lui fit
prendre en horreur la capitale de la France, et
puis il était allemand, et il n'aspirait qu'à
retourner dans sa patrie. Il entra au service de
l'empereur Joseph II, et s'attacha tellement à
ce prince, qu'il ne voulut jamais le quitter. Il
composa en 1786, la musique du *Mariage de
Figaro*; à la première représentation, après
avoir félicité le compositeur de son succès,
l'empereur ajouta :

—Il faut pourtant convenir, mon cher Mozart, que voilà bien des notes.—Pas une de
trop, sire, répliqua vivement l'artiste.

Mais revenons à mon jeune héros Mozart,
que je viens de vous montrer tout petit, tra-

vaillant avec ardeur ainsi que sa sœur, pour
soulager la misère de ses parents, et quoi-
qu'enfant, savourant avec délices les paroles
que son père répétait tous les soirs en se cou-
chant.—Béni soit le nom de Dieu, et le grand
saint Jean Népomucène, qui m'a rendu le père
de deux enfants tels que les miens.

Ainsi Mozart et ses enfants parcoururent
successivement la France, l'Angleterre et l'I-
talie. A Milan, la Corilla, célèbre chanteuse,
chanta le mérite del signor Amedeo Mozart,
qui n'était autre que le petit Wolfgrand. A
Rome, le Pape le nomma chevalier de l'éperon-
d'or. A Naples, l'admiration qu'on éprouva à
la vue de l'agilité prodigieuse de ses petits
doigts, excita un enthousiasme général. A Milan, il composa, son premier opéra, *Mithridate*,
qui fut joué à Milan même. Il avait alors 15
ans.

Vous êtes trop jeunes, mes enfants, pour
comprendre l'aristocratie des richesses d'un
beau nom; mais l'aristocratie des talents doit
faire battre vos jeunes cœurs; quel que soit
votre état ou celui que vos parents exercent, soyez

les premiers dans votre état, mes amis, c'est
la plus noble des ambitions, c'est la seule ambition qui soit excusable. Tous les états sont
honorables et honorés, quand ceux qui les
professent sont honorables eux-mêmes, et sa-
vent se faire honorer.

Les principaux morceaux que Mozart a com-
posés sont : la *Finta Simplice, Mithridate, As-
canio in alba, Lucio Silla, le Songe de Sci-
pion, la Jardinière, Idoménée, les Noces de
Figaro, Don Juan, la Flûte enchantée, Ainsi
ils font tous* (Cosi fan tuti), *la Clémence de
Titus.*

Joignez à cela plusieurs opéras allemands,
des messes, des motets, des cantates à grands
chœurs, et surtout son fameux *Requiem,* et
vous comprendrez, mes amis, combien la vie
de Mozart fut laborieuse, surtout lorsque vous
saurez qu'il est mort à 36 ans ; et que ce fameux
Requiem, qu'il composa pour la mort d'un autre, fut son dernier morceau, et qu'on le
chanta *la première fois* pour lui ; il lui servit de
messe des morts.

FIN.

LES DEUX

SOEURS D'ÉCOUEN.

LES DEUX SŒURS D'ECOUEN.

I.

L'HEURE DE LA RÉCRÉATION.

Parées, selon la division de leur classe, de ceintures vertes, aurores, bleues et nacarates, quatre-cents jeunes filles, dont la plus âgée ne dépassait pas dix-sept ans, venaient de s'élancer joyeuses, sur la plate-forme de la maison impériale d'Ecouen; le ciel était beau, l'air embrâsé, la soirée belle; on était au milieu de l'été 1806.

Là , divisées par groupe selon leur âge, leur
goût, leur pays ;—car Napoléon , dont les armées étaient composées de soldats de tous les
peuples, de l'Italie, de l'Espagne, de l'Amérique , de l'Egypte, des Indes même , accordait
à tous ces braves la même faveur pour leurs
enfants.— Ces jeunes têtes, qui blondes, qui
brunes, mais à coup sûr, toutes, charmantes
de jeunesse et d'animation, formaient le plus
ravissant tableau. —Les plus jeunes couraient,
se défiaient à la course, s'appelant de leurs
noms de baptême, et remplissant l'air de leurs
cris empreints d'une joie naïve et enfantine,
tandis que d'autres, plus réservées, assises en
rond sur la pelouse, racontaient quelques légendes de leurs contrées ; ou chantaient une
chanson nationale... Mais ce soir-là, il faut l'a-
vouer, légendes et chansons avaient cédé le pas
à un sujet qui les occupait spécialement; la
distribution des prix qui devait avoir lieu bientôt ; ce premier prix donné par le grand chancelier de la légion-d'honneur et accompagné
de la couronne de laurier qui devait être posée
sur leurs fronts radieux, par les mains de la

nouvelle impératrice des français, la jeune et belle Marie-Louise.—Plus loin, les plus âgées des pensionnaires, ne s'occupant, elles, ni de légendes, ni de chansons, ni de prix, se promenaient à l'écart, deux à deux, silencieuses, et blasées sur les plaisirs du couvent; elles regardaient en soupirant et d'un œil inquiet, les fossés pleins d'eau et ces grilles les séparant d'un monde où elles étaient prêt d'entrer, et écoutant, avides et émues, les bruits divers et confus qui résonnaient au loin, et que dominaient par fois un corps de chasse, de par de là le Ménil-Aubray, ou le cornet à bouquin des forêts d'Andilly, ou bien la sonnette de fer du roulier et le roulement sourd de la lourde diligence qui ébranle le pavé du chemin.

Vers la tombée de la nuit, et une demi-heure environ avant que la cloche ne sonnât la fin de la récréation, trois jeunes filles de celles qui se promenaient à l'écart, après avoir rôdé un instant, au milieu des arbres, s'être approchées des grilles énormes pour en mesurer la solidité, et des fossés comme pour en sonder la profondeur, se rapprochèrent d'un groupe

assis. - La plus grande était, depuis deux jours,
sous-maîtresse, une de ces jeunes sous-maîtresses que leur état force à être sévères et froides
toute la journée, et qui, déposant à la porte de
la classe et leur jeunesse et leur gaîté, ne gardent de leurs dix-huit ans que les traits charmants qu'elles ne peuvent vieillir, et le regard
doux qu'elles cherchent en vain à rendre sévère, en essayant vainement d'emprunter
à l'âge avancé, et son front austère et sa voix
grondeuse. On la nommait mademoiselle Eulalie Devink : les deux autres étaient sœurs et
nouvelles pensionnaires à Ecouen. — Au moment
où les trois jeunes filles passèrent près du
groupe, une voix s'écria :—Mademoiselle Eulalie, je vous en prie, vous qui savez de jolies
histoires, dites-nous en donc une, s'il vous plaît.

Un regard inquiet s'échangea entre les deux
compagnes d'Eulalie, et Eulalie elle-même ;
puis, cette dernière rassurant par un serrement
de mains significatif ses jeunes amies, s'assit
tout d'un coup au milieu du groupe. — Je le
veux bien, dit-elle.—Et elle ajouta aussitôt:—
Je parie, mesdemoiselles, que de vous toutes

qui habitez Ecouen depuis long-temps, il n'y en a pas une qui connaissiez son origine, qui lui vient des Montmorency, pas plus que l'histoire du premier personnage de cette race illustre, du noble Bouchard, appelé *Bouchard-le-Barbu* ou *Bouchard à la barbe torte*, appelé même plus communément et plus simplement *Barbe-Torte*.

—*Barbe-Torte!* oh! conte-nous ça, s'écria tout ce groupe joyeux.—Eulalie! dirent à demi-voix et avec inquiétude les deux sœurs qui étaient restées debout.—Augustine, Rosalie... dit Eulalie sur le même ton... écoutez l'histoire de Barbe-Torte...vous en avez le temps, ajouta-t-elle plus bas... Attention, cria-t-elle tout haut. Ce peu de mots ayant commandé le silence, chacun se rapprocha pour mieux écouter. Dans la confusion de ce mouvement, les deux amies d'Eulalie, que vous savez, se tinrent un moment debout, à l'écart, puis glissèrent derrière le sicomore au pied duquel le groupe s'était formé, et un moment après disparurent sans que personne songeât à faire attention à elles.

Eulalie commença ainsi :

II.

BARBE-TORTE.

—

Il y avait une fois, il y a bien long-temps, bien long-temps de cela, en 998, je crois, sous le règne du roi Robert, un homme, la terreur des contrées qu'il habitait; cet homme s'appelait *Bouchard*, d'aucuns ajoutaient le *Barbu*, et le plus grand nombre disait seulement *Barbe-Torte*, à cause de sa barbe, mais je vais vous faire d'abord le portrait de cet affreux personnage.

Imaginez-vous, mesdemoiselles, un homme d'une grandeur prodigieuse, gros à l'avenant, et d'une force telle, que d'un seul poignet, il arrêtait un taureau à la course, le couchait par terre, pendant que de l'autre main fermée

il l'assommait; sa figure était affreuse à voir.
On prétendait dans le pays qu'il avait le mu-
seau d'un sanglier; quant à ses yeux, personne
ne les a jamais vus, cachés qu'ils étaient par
une forêt de sourcils et de cils noirs et épais,
qui les dérobaient presqu'entièrement; et sa
barbe était tellement mêlée, souillée, tordue,
fougue et fournie en même temps, que de là,
lui était venu ce nom de *Barbe-Torte* dont il
était si fier, que pour tout l'or du monde, il
n'aurait pas voulu passer un peigne dans sa
barbe, ni la démêler, ni seulement la laver...ce
qui devait lui donner une odeur assez désa-
gréable; - mais ceci est une réflexion que je fais,
mesdemoiselles, et dont l'histoire ne dit rien,
et pour cause, c'est que personne n'a jamais
approché d'assez près ce Bouchard, pour savoir s'il sentait bon ou mauvais. - Ce Bouchard
avait l'âme aussi mal faite que le corps, ne craignant ni Dieu, ni diable; il passait sa vie à
détrousser les passants, et avait choisi pour
théâtre de ses monstrueux exploits, le pays
circonscrit entre Saint-Denis et Montmorency,
où sont aujourd'hui bâtis les jolis villages de

Pierrefitte, Sarcelles, Villiers-le-Bel, Epinay, Saunois, Eauboune, y compris Enghein et Montmorency, — mais qui, dans ce temps-là, n'étaient que montagnes et vallées couronnées de bois et coupées de lacs. — Le moment de jubilation pour ce mécréant, comme on disait alors, était la foire de Saint-Denis, si célèbre dans le monde entier à cette époque, que les marchands s'y rendaient, non seulement de toutes les provinces de France, mais encore des pays étrangers, de Saxe, de Hongrie, de Lombardie, d'Angleterre, d'Espagne et des autres royaumes. Bouchard barbe-torte se mettait en embuscade, tantôt sur un point, tantôt sur un autre, et avec tant de vitesse quelquefois, que souvent cela faisait croire qu'il possédait une compagnie entière de voleurs et de coupe-jarrets, ce qui n'était pas ; Barbe-Torte n'ayant pas plus besoin d'être aidé dans ses rapines, qu'il n'était envieux de partager ses richesses ; — et de nuit comme de jour, il arrêtait à lui seul, un convoi, le dépouillait et renvoyait les gens nus comme la main, car en cela, il faut lui rendre justice, il ne se souillait jamais du sang humain.

On racontait de ses trésors, que personne n'avait vus, des histoires merveilleuses, comme de tout ce qu'on ne connaît pas, et que l'imagination invente. Ce n'était que chambres pleines d'or monnoyé, que salons tapissés de lampas et autres soieries précieuses, que coffres-forts remplis de diamants et de perles fines, qu'on remuait à pelletée ; mais ce dont on parlait avec le plus d'admiration, c'était d'une galerie immense, dont les murs étaient couverts en entier de fers des chevaux et des mules dont Bouchard barbe-torte aimait à dépouiller les montures des gens qu'il détroussait.... Et voyez un peu, mesdemoiselles, si l'effroi qu'il inspirait était grand, on n'aurait trouvé ni noble, ni vilain à la ronde, qui voulût se charger à son tour d'arrêter ce monstre acharné après tous.

L'abbé de Saint-Denis se dévoua ; il voulut essayer si, avec les armes que Dieu lui avait données, — une parole persuasive et insinuante, il ne pourrait pas ramener cette brebis égarée, et délivrer son pays de cette espèce de bête féroce. Mais comment pénétrer jusqu'à lui, com-

ment surtout s'en faire écouter... Après de
mûres réflexions, il quitte sa chasuble, revêt
le costume d'un marchand de bestiaux, et monté sur sa mule, il se met en route, chassant
devant lui un troupeau de bœufs. — Le voilà
parti, c'était par une nuit d'hiver, froide, rude, et si noire, qu'on n'y voyait pas à deux pas
devant soi. L'abbé n'avançait qu'avec précaution, retenant à tout moment sa mule qui faisait de nombreux faux pas, et récitant tout bas
ses patenôtres en priant Dieu, Jésus et la sainte
Vierge de lui pardonner son déguisement en faveur du motif, de lui permettre de conduire
à bonne fin cette aventure, et de ramener un
pécheur au giron de l'église. Il marchait toujours, minuit venait de sonner à son église dont
le vent lui avait apporté les douze coups dis-
tincts et clairs; il venait d'atteindre Andilly,
lorsque tout d'un coup, au moment où il s'y
attendait le moins, il reçoit sur la tête un coup
qu'il prit d'abord pour un coup de massue,
mais qui plus tard lui fut démontré n'avoir été
qu'un coup de poing; ce coup l'étourdit, le
renversa et le jeta en bas de sa mule. — En se

relevant, l'abbé vit devant lui un homme qu'à
sa taille, et surtout à sa barbe mêlée et touf-
fue, il reconnut pour Barbe-Torte. — Suis-
moi! lui dit ce dernier, d'un ton qui n'aurait
pas permis de réplique, l'abbé n'eut-il pas été
décidé à le suivre.—En entrant dans la caverne de Bouchard, le saint homme ferma les yeux
pour ne pas voir cette longue galerie ornée de
fers à cheval, mais Barbe-Torte le secouant
par les bras à les lui démonter, le força bien
à ouvrir les paupières. — Regarde, je le veux,
lui dit-il: — avant demain, les quatre fers de ta
mule seront cloués à côté de ceux-là, ta selle
sera hissée là-haut... Et toi...j'ignore encore
ce que je déciderai sur ton sort.

Mais aucune menace n'eut l'air d'émouvoir
le faux marchand de bœufs, ce qui étonna un
peu le brigand. — C'était l'heure de son souper;
on le lui servit. Il y avait des viandes en abondance, toutes préparées sur d'énormes plats
d'argent. — Les gens qui faisaient le service paraissaient tristes, humiliés, et surtout peu propres
à leur emploi.—La guerre est une belle chose,
dit-il en s'asseyant à table et fixant à travers ses

sourcils épais, de gros yeux bleus et brillants
sur son hôte qui se tenait debout devant lui,
dans une altitude réfléchie. —Comme cette
phrase avait fait relever la tête à l'abbé, Barbe-
Torte reprit : - La guerre est une belle chose,
ordinairement elle ne se fait que de peuple à
peuple, de puissance à puissance, à moi seul,
je forme un peuple et une puissance ; j'ai déclaré
la guerre au monde entier et je la fais. — Ces
viandes sont de bonnes prises, ces plats sont
de bonnes prises, ces hommes sont de bonnes
prises... Mais je te parle une langue que tu ne
comprends pas, ajouta-t-il après un moment
de silence employé à engloutir une prodigieuse
quantité de mêts, et à avaler quelques verres
de vin, peu, cependant; l'histoire dit qu'il buvait peu.—Comment va le commerce des bestiaux cette année?—A cette demande à laquelle
il était loin de s'attendre, le pauvre abbé qui
cherchait un autre moyen d'entrer en conversation, resta court...—Parle, n'aie crainte,
répliqua Barbe-Torte, prenant le silence de
l'abbé pour de la peur;—je ne suis pas si noir
que j'en ai l'air...voyons... rassure-toi et dis-

moi si la foire de Saint-Denis promet d'être meilleure cette année que l'autre?—L'abbé ne trouva rien de meilleur à répondre que de tousser; cette toux parut suspecte au méchant homme.—Tu n'es pas un marchand de bœufs, dit-il, le regardant en face;—tu me trompes... Si tu étais un voleur? ajouta-t-il comme par une réflexion soudaine.

Demandant intérieurement pardon à Dieu du mensonge qu'il allait faire, le faux marchand de bœufs répondit avec simplicité:—Oui, je suis un voleur.—Barbe-Torte fit un cri et pâlit.—Etonné de l'effroi qu'il opérait à son tour, lui, si bon, si inoffensif, le saint homme se hâta de dire avec une naïveté digne de son âme candide:—Mais n'aie pas peur, Bouchard, je ne te ferai pas de mal.

—Hélas! dit Bouchard sans répondre à une crainte qui n'approchait pas de son cœur,— c'est que j'ai fait un vœu, et que mon vœu est peut-être près de s'accomplir.—Quel vœu? demanda l'abbé.—J'ai promis, dit Bouchard, de renoncer à la vie que je mène, le jour où, par la même porte de ma caverne, il passera deux voleurs dont un saint, — et le brigand

ajouta aussitôt avec autant de naïveté que l'abbé
en avait mis un moment avant, mais pour un motif
différent,—tu es un voleur, mais es-tu un saint?
—L'âme simple du bon abbé reculal devant ce
second mensonge.—Non, dit-il, d'un ton triste,
—je ne suis pas un saint.

Une joie vive se manifesta sur la figure de
Bouchard à cette réponse; se levant avec empressement, il alla au faux voleur, et lui prit
les mains qu'il serra dans les siennes ; — mon
camarade, mon ami, lui dit-il,—sois béni pour
n'être pas un saint; si tu l'avais été, juge donc!..
obligé de renoncer à une vie dont aussi bien que
moi tu reconnais tous les charmes , je serais
mort de chagrin... Bois, bois au succès de nos
nouvelles rapines , car je ne te quitte plus ; ensemble nous ferons une guerre encore plus
grande, encore plus exterminatrice; nous par-
tagerons les dépouilles des vaincus. Bois, bois !
fêtons l'heureux événement qui me donne un
compagnon, mais attends, je veux que tu boi-
ves du meilleur vin; je vais à la cave en chercher;
assieds-toi là, mange en m'attendant, je suis à
toi dans un instant.

—Mon Dieu! dit, après le départ de Bouchard, le pauvre abbé qui n'avait pu s'empêcher de frémir à chaque fois que le brigand
l'appelait son camarade et son ami. —Mon Dieu,
inspire-moi! —En quittant la table où Bouchard
l'avait fait asseoir malgré lui, il se mit à genoux,
et pria avec ferveur jusqu'au moment où il
entendit les pas de Bouchard qui revenait. Il
se leva subitement. Ce ne fut qu'en tremblant
qu'il jeta les yeux sur son hôte et sur ce vin
qu'il allait être obligé de boire en pareille compagnie,—mais de ce vin, Bouchard n'en apportait
point. Pâle, pleurant, hors de lui, il se précipita aux pieds de l'abbé en les baignant de
larmes. —Oh! pardon, pardon, mon père, lui
dit-il, vous n'êtes pas un marchand de bœufs,
encore moins un voleur, vous êtes l'abbé de
St-Denis, votre mule avait un fer d'argent à un
de ses sabots, ce dont les abbés de St-Denis,
ont seuls le droit d'orner leur monture; vous
êtes un saint, mon vœu est accompli... je me
repens de mes crimes passés; oh! aidez-moi
à entrer en grâce auprès du Seigneur, je suis
un pécheur, mais un pécheur repentant;—je

vous reconnais, abbé de Saint-Denis! et je vous promets de vivre désormais en chrétien et de faire mes pâques.

Attendri jusqu'aux larmes, l'abbé releva son pénitent, et l'embrassant, il lui dit:—Et moi, mon fils, je vous reconnais à mon tour pour seigneur de Montmorency et d'Ecouen.

Et le pays fut désormais en paix, et ce fut ainsi que Bouchard, noble du reste, et aussi bon gentilhomme que le roi de France, devint la souche d'un des premiers barons chrétiens.

Voici, mesdemoiselles, à ce que dit cette chronique, que j'ai lue dans un gros manuscrit trouvé dans la bibliothèque de mon oncle, ancien abbé de Saint-Denis avant la révolution, l'origine des Montmorency.

L'heure qui sonnait la prière, ayant fait cesser Eulalie de parler, toutes les pensionnaires se remirent en un seul groupe et se rangeant deux à deux, prirent le chemin qui conduisait au château. En passant sous l'arcade qui menait à la chapelle, une des principales surveillantes comptait les couples, tout-à-coup elle s'étonne, pâlit; elle a cependant bien compté, toutes les

ni par les élèves, un interrogatoire le plus sévère,
aucun ne les a vues.

Sur ces entrefaites les prières commencées
s'achèvent, mais pas avec assez de recueillement
toutefois pour que le trouble des sous-maîtresses
puisse échapper aux élèves; l'office en est presqu'interrompu, chaque jeune fille au lieu de suivre
sur son livre la voix du prêtre, s'interroge des
yeux :—Qu'y a-t-il?....que se passe-t-il?...les
mots d'*absence*, d'*enlèvement*, de *disparution*
circulent dans les masses.—On cherche des
yeux, on se compte,... et les noms des deux
sœurs, Augustine et Rosalie Simonet, viennent
sur toutes les lèvres, sont dans toutes les bouches,—ces deux noms réunis résonnent bientôt
dans les profondeurs des corridors et des salles
d'études, par toutes les élèves qui, sortant en
tumulte de l'office, se répandent partout où
il leur est permis d'aller.

Pendant qu'elles s'agitent ainsi, avec toute
l'ardeur et l'imprévoyance de leur âge, de nouvelles recherches ont lieu dans les autres parties
de l'établissement; on sonde les fossés, les
puits, on secoue les grilles, on visite les caves,

— les gardes-chasse vont fouiller les bois ; tout-à-coup, tout cesse, un bruit de cloche appelle toute la maison dans la salle de réception, on s'y rend en foule; madame Campan y est entourée de ses dames.

Elle est pâle, mais sa voix est grave et calme.

—Mesdemoiselles, leur dit-elle,—rassurez-vous, et ne cherchez plus, les demoiselles Simonet sont retrouvées — ou plutôt elles n'ont jamais été absentes :—aussitôt après souper, la plus jeune, Rosalie, s'est trouvée incommodée pour avoir mangé trop précipitamment; elle a été conduite à l'infirmerie où sa sœur l'a suivie pour veiller auprès de son lit, c'est ce que vient de m'apprendre une des dames surveillantes.

Puis, madame Campan se retira, les sous-maîtresses l'accompagnèrent, et les élèves demeurées entr'elles, se regardèrent un moment en silence.

jeunes filles sont rentrées, il en manque deux.
Les deux sœurs Simonet !

III.

CATASTROPHE.

—

Sans être précisément belle, Madame Campan
avait une figure distinguée et fort agréable.
Directrice de l'Institution de la légion-d'honneur
fondée à Ecouen le lendemain de la bataille de
Friedland, ayant auparavant dirigé à St-Germain-
en-Laye, une maison d'éducation presqu'entièrement composée des débris d'anciennes familles,
elle avait pris de ces importantes fonctions un
air de gravité douce qui en imposait et n'était
cependant pas sans charme; un parler lent,
sonore, et quelque chose d'un peu méthodique.
—Habillée de noir comme elle l'était habituel-

*

lement, elle causait ce soir-là, assise contre
une croisée ouverte, en compagnie de madame
de Mongelas, sous-intendante ; de madame
Vincent, sous-maîtresse, de madame Mélanie
Beaulieu, qui a fait un abrégé de l'histoire de
France, et de madame la Comtesse d'Hautpoul
à qui l'on doit un cours de littérature à l'usage
des jeunes élèves d'Ecouen, lorsque la surveil-
lante vint, toute effarée, annoncer qu'il manquait deux élèves.

Avec ce sang-froid qui distingue les grandes
âmes au moment d'un danger réel, madame Campan ordonne aussitôt, et veille elle-même aux
recherches les plus exactes ; on parcourt la plate-
forme ; chaque bosquet, chaque arbre est pour ainsi dire interrogé. On descend dans la cour d'honneur, on monte dans les dortoirs où cependant il
est défendu d'entrer pendant le jour, on visite la
lingerie, l'infirmerie ; on ne voit rien, rien, aucun
indice ne fait présumer ce que ces jeunes filles
sont devenues ; les domestiques de la maison sont
appelés, aucun ne les a vues ; on leur fait subir à
tous, même à Georges le jardinier dont la fidélité n'est mise en doute, ni par les maîtresses,

une jeune pensionnaire, la voix grave, le visage
sérieux, et levant un doigt accusateur sur le front
d'Eulalie. – Ce qui prouve évidemment, qu'ainsi
que Caïn, Eulalie est coupable, dit une nouvelle pensionnaire qui n'avait pas encore parlé....
Pas, j'espère, de les avoir assassinées, répliqua
une autre. Il ne manquerait plus que cela, dit
Eulalie fondant en larmes, et permettez-moi de
vous dire, mesdemoiselles, qu'il est injuste,
incroyable, cruel même....—Bien, bien, voilà
la dispute qui s'échauffe, cria-t-on de plusieurs
points de la salle... *ksen*, *ksen*, silence, faisait-
on à l'entour des disputeuses....

Dieu sait jusqu'à quel point les esprits mon-
tés allaient se porter lorsqu'une jeune sous-
maîtresse, entra pâle, et toute effarée :—Mesdemoiselles...mesdemoiselles...quelle nouvelle..
juste ciel.... quelle nouvelle !... je viens de
quitter madame Vincent ;—madame Campan
vient d'écrire au grand chancelier de la légion-
d'honneur pour donner sa démission d'Intendante de l'établissement d'Ecouen....—Et pourquoi ? demandèrent des voix aussi curieuses
qu'affligées. —Pourquoi ? répéta la sous-maîtresse

avec emphase, vous ne comprenez pas que
l'intendante d'une maison comme celle-ci est
responsable de tout ce qui s'y passe... et que
deux jeunes filles enlevées....—Enlevées! Rosalie et Augustine ont donc été enlevées! dirent
quelques-unes....—Eh bien, je m'en doutais,
dirent quelques autres.—Enlevées! mais par
qui?... car enfin, elles ne se sont pas enlevées
toutes seules.

—Quel événement! quel événement, disait-
on en chœur.—Peut-être n'ont-elles cherché
qu'à s'évader, dit la sous-maîtresse;—c'est que
cela n'est pas facile cependant, firent observer
quelques-unes :—Une maison comme celle-ci,—
des murs d'une élévation colossale,—des fossés
d'une profondeur effrayante!—des grilles en fer
dont les barreaux sont rapprochés à ne pas pouvoir
y passer le bras!—et puis tant de portes! de dou-
bles portes!—et les gardiens de vrais cerbères !—
et tant de domestiques! on peut bien en séduire
un...deux...trois—mais cinquante!...et les maîtresses, les sous-maîtresses qui errent toujours
partout comme des âmes en peine, qu'on ren-
contre à chaque angle des corridors, et qui

IV.

COMMENTAIRES DE JEUNES FILLES.

—

—Eh bien ? commencèrent à dire les plus fu-
tées, — l'histoire n'est pas mal trouvée ! —Rosalie
malade et Augustine veillant auprès de son lit.
C'est assez joli, fit observer une des pensionnaires, seulement il faudrait, pour que l'histoire
fût vraisemblable, ne pas les avoir vues toutes
les deux sur la plate-forme, au moment de la
récréation.—Tiens, mais c'est vrai, s'exclama
une autre élève....maintenant je me le rappelle,
lorsqu'Eulalie a commencé à raconter son histoire de Barbe-Torte, les deux sœurs Simonet
étaient assises près d'elle. — C'est-à-dire, lui répondit sa voisine, qu'elles étaient debout et
qu'elles ne se sont pas même assises au moment

où Eulalie a commencé à parler,--et aussitôt plusieurs interpellèrent Eulalie:—Eulalie, tu ne dis rien, est-ce que tu saurais où sont ces deux élèves?—Moi, mesdemoiselles, répondit Eulalie en tressaillant à cette question, et rouge comme une cerise,—moi, mesdemoiselles!.... mais permettez-moi de vous dire que...vos soupçons....,— Elle est charmante avec ses soupçons... dit une quatrième en riant:—Qui te soupçonne et de quoi te soupçonne-t'on? les as-tu enlevées, voyons, parle....mais, répondit cette jeune fille en cessant de rire,—il ne s'agit pas de plaisanter ici, te souviens-tu, Eulalie, que lorsque tu as commencé à parler, les demoiselles Simonet étaient près de toi?—Oui.... non.... dit Eulalie évidemment troublée,—il me semble que.....je ne m'en souviens pas.... Antoinette.—Est-elle drôle!....—est-elle singulière!... dirent à la fois plusieurs élèves....— Je ne suis ni drôle, ni singulière, répliqua Eulalie avec assez d'aigreur, mais c'est qu'en vérité.... mesdemoiselles.... vous m'interrogez.... comme... si... on dirait... est-ce que vous m'avez donné ces demoiselles en garde?...--Réponse de Caïn à Dieu, dit semblent sortir de terre au moment où on les croit à une lieue de vous !—Non , les demoiselles Simonet ne se sont pas évadées, on les aura enlevées !...—dans les airs, donc, dit Eulalie, qui avait fini par sécher ses larmes et par prendre le parti de rire des attaques qu'on lui avait jusqu'alors portées,—par quelque dragon ailé, quelque griffon en feu, ajouta-t-elle ?..—Dame ! je m'y perds, dirent-elles presque toutes à la fois....—Hélas ! dit une jeune blonde à l'air très sentimental,—ces pauvres petites....qui sait?... entrées ici depuis peu... elles n'ont pu se faire aux réglements sévères de la maison.... elles auront voulu s'évader, et victimes de leur imprudence.... elles reposent peut-être, les infortunées ! au fond de quelques puits.... dans le creux de quelques fossés....—Veux-tu te taire, Céline, interrompit une petite brune à l'œil vif et pénétrant... et ne pas nous faire des peurs comme ça..Pauvre Rosalie! pauvre Augustine !..

Pauvres nous-mêmes plutôt, mesdemoiselles, reprit la sous-maîtresse d'un air contristé, elles sont cause de la démission de madame Campan, et Dieu sait sous quelle férule nous allons tomber !...

— Pourvu, mademoiselle de Saint-Céran, que ce ne soit pas sous celle de madame de Mongelas, dit la petite brune qui avait parlé avant la sous-maîtresse.—Sous celle-là ou une autre, qu'importe, dit mademoiselle de Saint-Céran ! —Cela m'importe beaucoup, et je suis de l'avis de Marie, dirent un grand nombre de pensionnaires;—je ne voudrais pas que madame de Mongelas passât de son rôle de sous-intendante à celui d'intendante; cette femme n'est pas méchante, non, certes, on ne peut pas dire qu'elle soit méchante, et cependant, mesdemoiselles, là, la main sur la conscience, vous avouez qu'il n'y en a pas une de vous, qui ne la craigne comme le feu.—Moi! son pas seulement m'imprime la terreur, dit Eulalie,—et puis, elle est si grande! dit une autre.—Si sérieuse, dit une seconde.—Je parie qu'elle ne rit jamais, dit une troisième.—C'est une femme qui n'a jamais dû être jeune, dit une quatrième.—Qui, à coup sûr, n'a jamais été enfant, ajoute une cinquième. —Je croirais que, comme Minerve, elle est née toute grande, toute habillée et coiffée à la grecque avec des camées dans ses cheveux, répliqua Marie.

Cette boutade ayant excité une hilarité générale, la cloche, qui appelait les élèves dans les
dortoirs, sonna long-temps avant de parvenir à
leurs oreilles ;—mais l'entrée des sous-maîtresses
venant réunir chacune sa division, mit un terme à
cette gaîté si mobile. Dans un instant tous les
visages furent sérieux, chaque élève se souhaita
le bonsoir, les ceintures vertes, aurores, bleues,
nacarates et blanches, mêlées l'instant d'auparavant, se séparèrent simultanément, chacune
se réunit à sa couleur, puis, défilant deux par
deux, les élèves ayant en tête leurs maîtresses
prirent le chemin des dortoirs.—Une heure après,
le calme le plus parfait régnait dans ce vaste
établissement; toutes les lumières étaient éteintes,
or une qui brillait dans une chambre bourgeoise,
plus que simple, tapissée d'un papier bleu pâle,
à trois francs le rouleau, dont la cheminée, façon
granit, était surmontée d'une mauvaise glace et
ornée d'une pendule et de deux vases d'albâtre,
dans une chambre où on n'arrivait qu'après avoir
traversé d'autres chambres habitées jadis, et
ayant conservé les noms de leur royaux locatai-
res,—chambres de François Ier, de Henry II , de

François II, d'Anne de Bretagne, de madame
Claude, femme de François Ier et de Diane de
Poitiers; cette chambre bourgeoise était celle de
madame Campan, une seule personne veillait
aussi, et ne s'était pas couchée, c'était elle !

V.

LES DEUX FUGITIVES.

A la pointe du jour, une femme d'un exté-
rieur noble et décent, sortant d'une auberge
du bourg d'Ecouen, donnait le bras à deux
jeunes filles dont les ceintures vertes attestaient
qu'elles étaient élèves de la maison impériale de
la légion-d'honneur, et indiquaient en même
temps la division de leur classe. Toutes les trois,
tristes et rêveuses, suivaient lentement, et comme à regret, le sentier qui serpentait autour du

roc, au-dessus duquel s'élève le château d'Ecouen.
—Arrivées devant la porte principale, qui s'ouvrit à leur approche, elles franchirent toutes
trois en tremblant et en regardant inquiètes.
le seuil de cette première porte ; puis gravissant
l'escalier en colimaçon qui conduisait au premier
étage, elles entrèrent dans la salle des gardes,
la tristesse lugubre de cette salle déserte semblait être à l'unisson de celle qui serrait leurs
cœurs. Elles ne séjournèrent que peu de temps
dans cette salle. Le domestique qui était allé
les mener chez madame Campan, revint leur
dire que madame l'Intendante était prête à les
recevoir, et les invitant à le suivre, il marcha
devant pour leur indiquer le chemin.

La dame âgée et les deux jeunes filles paraissaient toutes trois fort tremblantes, et certes
le chemin par où on les conduisait n'était guère
fait pour les rassurer. C'était une enfilade de
pièces aussi lugubres et aussi solitaires que la
première où on les avait fait attendre ; le gran-
diose glacial de leur architecture, la nudité des
murs blanchis seulement à la chaux, la hauteur
démesurée des croisées grillées à raiseaux serrés

comme des soupiraux de prison, le parquet noirci et criard sous les pieds, les cheminées de marbre rouge, où dans l'âtre immense une voie de bois pouvait brûler à l'aise, tout cela, joint à la fraîcheur humide des voûtes, et à l'odeur moisie du voisinage des caves, imprimait à l'âme un effroi involontaire.—L'int endante de la maison d'Ecouen était dans la dernière de ces pièces en tout pareille à ses sœurs... Son front était sévère, son œil sec, son abord glacial. — D'un geste impérieux, imposant silence à la dame âgée qui allait prendre la parole, elle fit signe au domestique de sortir, puis, s'adressant à l'aînée des jeunes filles qui sanglotait à fendre le cœur, elle dit froidement :—Je désire que mademoiselle Augustine me raconte elle-même le motif d'un pareil scandale, le seul, Dieu merci, qui soit arrivé dans cette maison confiée à mes soins. Essayant de raffermir sa voix qui se brisait en sanglots, la jeune fille répondit :—Nous sommes bien coupables....hélas!...plus que nous ne le pensions.... Madame... daignez nous excuser, je vous prie....ma sœur et moi, nous pensions n'accomplir qu'un devoir de piété filiale...

ne nous punissez pas trop sévèrement, de grâce...
voici la vérité:--Hier matin, après la prière,...
vous nous fîtes appeler ma sœur et moi....vous
aviez reçu une lettre de notre mère....arrivée
depuis trois semaines à Paris...logée dans une auberge d'Ecouen, à deux pas de nous....de notre
mère que nous n'avions pas vue depuis deux ans,..
que nous n'avions pendant son séjour ici, embrassée qu'une fois, et qui devait partir demain...
nous vous demandâmes la permission de la voir
une seconde fois..vous refusâtes...Les réglements
de la maison s'y opposaient, je le sais, se hâta
d'ajouter la jeune élève.... je le sais.... mais
c'était si affreux de laisser partir notre mère sans
la revoir, l'embrasser, lui dire adieu, c'était si
affreux, si douloureux pour nos cœurs....que
nous avisâmes aux moyens de vous désobéir,...
pardon, Madame; quelque punition que vous
imposiez, nous la subirons sans murmurer.....
elle ne peut être plus forte que le bonheur que
nous nous sommes procuré.—La punition, interrompit madame Campan, déguisant l'émotion
inspirée par le récit touchant de cette jeune fille,
prononcé d'une voix plus touchante encore ,—

la punition, c'est à l'Empereur à qui j'ai écrit pour lui apprendre votre fuite, à l'infliger..... Mais continuez, comment êtes-vous sorties d'ici? quels sont les complices de votre fuite?—Personne, Madame, répondit Augustine, les deux seules coupables sont devant vos yeux, — quant à la manière dont nous nous sommes échappées, elle est bien simple; —nous avions souvent remarqué qu'après le souper des élèves, et pendant qu'elles étaient en récréation, soit sur la plate-forme, soit dans les jardins, tous les gens de la maison, réunis dans les réfectoires, laissaient sans surveillance toutes les avenues qui conduisaient au dehors.—La seule difficulté était de quitter la plate-forme;—un mal de dent prétexté par Rosalie, et la demande d'aller consulter l'infirmière sur ce mal, nous a fait rentrer au château...une fois cette barrière franchie, grâce à l'obscurité, nous avons de cour en cour, atteint une grille qui donne sur les champs...nous l'avons franchie!...—au risque de vous tuer, s'écria madame Campan, pleine d'épouvante. — Nous n'y avons pas pensé, Madame, répondit naïvement Augustine, nous n'avions plus qu'une peur, celle d'être vues par quelques paysans passant aux environs... ; il n'en fut rien.... mais la grille franchie nous nous trouvâmes, ma sœur et moi, dans un grand embarras. Nous étions en plein champ, ne sachant de quel côté tourner nos pas pour trouver le village, et n'osant demander à personne, craignant d'être reconnues, trahies et ramenées au château avant d'avoir embrassé notre mère.... Nous marchâmes longtemps, très long-temps ; il était minuit quand nous frappâmes à l'auberge d'Ecouen.... Ma mère ne comptait pas nous voir, surtout à une pareille heure de la nuit ; jugez de sa surprise... de son effroi !... de sa douleur quand nous lui eumes tout dit... Elle voulut nous ramener tout de suite, mais nous avions payé assez cher l'heure que nous voulions passer près d'elle, puis, notre fuite devait être connue, le mal irréparrable, c'est ce que nous fîmes comprendre à maman.... — Et maintenant, madame, ajouta madame Simonet, maintenant que je vous les ramène coupables, mais repentantes?..

—Repentantes !... oh ! non, s'écrièrent en même temps les deux élèves, prenant chacune

une main de leur mère et la portant à leurs lèvres..., repentantes, non, coupables, oui, et
prêtes à recevoir, sans murmurer, telle punition
qu'on voudra nous infliger.

—De la part de l'Empereur, dit un domestique entrant subitement dans la salle et remettant à l'Intendante une lettre aux armes impériales:—Voici votre punition et la mienne, dit
gravement madame Campan brisant le cachet.
— La vôtre! madame, répétèrent les élèves
surprises.

Madame Campan répondit avec douceur, en
dépliant la missive impériale:—Je suis responsable de tout ce qui se passe ici, mesdemoiselles,
et aussitôt après votre fuite, j'ai dû demander ma
démission de l'emploi honorable que, d'après
l'inconséquence de votre conduite, je n'étais
plus digne de remplir!—Oh! s'écrièrent les
deux jeunes filles couvrant leur visage de leurs
mains; oh! nous avions calculé toutes les puni-
tions, excepté celle-là.

Les pauvres enfants étaient anéanties, et madame Simonet examinait, anxieuse, la figure
de l'Intendante, à mesure qu'elle lisait la lettre

de Napoléon... Quand elle l'eut finie, elle la replia lentement et, se levant, elle dit aux demoiselles Simonet :—Voici le moment d'entrer en classe, allez vous asseoir à vos bancs, l'empereur m'écrit de vous mettre aux arrêts pendant une heure, ce sera celle de la récréation.. embrassez votre mère, avant de la quitter, ajouta-t-elle vivement émue,—vous avez gagné encore ce baiser-là.— Les deux élèves se précipitèrent dans les bras de leur mère qui les tint un moment pressées sur son sein, puis, ayant salué respectueusement l'Intendante, elles se rendirent aux classes.

VI.

UN RÉGLEMENT MODIFIÉ.

—Tiens ! se disaient les élèves jetant des regards étonnés sur les deux places occupées

par les sœurs Simonet ,—tiens , et les voilà,—
elles n'étaient donc pas enlevées, chuchotaient
les unes.—Elles ne s'étaient donc pas évadées,
répétaient les autres.—Puis, ces paroles circu-
laient de bancs en bancs, — c'est dommage !—
voilà une histoire qui a fait un four complet,—
ça commençait si bien ; — deux jeunes filles dis-
parues, — enlevées— on ne sait par qui ?...la
nuit se passe en conjectures de toutes les manières, le jour arrive, la classe s'ouvre,—les
élèves se réunissent...... aucune ne manque à
l'appel ;—les deux enlevées sont à leurs places..
comme si de rien n'était... c'est dommage !.. Du
reste ajoutaient d'autres élèves, – il y a toujours
un mystère là-dessous qui n'a pas été éclairci,
car enfin, il est clair et avéré que les deux
sœurs Simonet manquaient hier au soir à l'établissement ; où étaient-elles allées ?....

— Elles étaient allées avec ma permission
embrasser leur mère , dit madame de Mongelas
en entrant. — Mais c'était une contravention aux
réglements de cette maison, firent observer quelques-unes. — Ce réglement a été modifié par ordre
de l'empereur, mes chères enfants, repondit ma-

dame de Mongelas! Désormais, chaque élève
sera libre d'aller embrasser sa mère, quand elle
le demandera;—ainsi, ce n'était pas même un
événement! dirent celles qui, la veille au soir,
avaient le plus fait travailler leur imagination.

—Pas même un événement! c'est dommage!
dirent quelques-unes.

FIN.

LA TABATIÈRE EMPOISONNÉE,

OU

MARIE LESCZINSKA.

LA TABATIÈRE EMPOISONNÉE,

ou

MARIE LESCZINSKA.

I.

LE CONSPIRATEUR ET SON COMPLICE.

Il faisait nuit et un froid des plus rigoureux ; on était au 15 février 1720, et malgré la nuit et le froid, un homme assez peu vêtu rôdait autour du château de Weissembourg, petite

*

ville de l'Alsace, à quelques lieues de Strasbourg ;
malgré l'extrême jeunesse de cet homme, il était
porteur d'une de ces figures qui vous inspirent
et de la méfiance et du dégoût ; une pâleur maladive couvrait ses traits, ses cheveux roux
descendaient très bas sur un front de forme igno-
ble, et dans ses petits yeux gris qu'il ne levait
jamais droit, et dont le regard était toujours
pris en dessous, brillait l'astuce et la fausseté.

Après avoir fait deux ou trois fois le tour du
château, il s'arrêta devant une croisée de forme
ogive, derrière les rideaux de laquelle on apercevait de la lumière...

—C'est bien ici, où ce jeune seigneur m'a
dit de l'attendre, dit le pauvre jeune homme en
grelottant, soufflant dans ses doigts et frappant
du pied sur la neige pour ne pas s'engourdir.
Comme il achevait ces mots, il vit près de lui
un homme enveloppé dans un manteau, et dont
un chapeau rabattu cachait la figure.

—Chut, dit ce dernier venu, à voix basse ;
puis, continuant sur le même ton, il ajouta en
montrant la croisée éclairée:--Celui qui travaille
là est Stanislas, ex-roi de Pologne.-Il vit encore?

—Ce n'est pas ma faute, seigneur, répondit Mikaël.

—Il faut t'introduire au château.

—Le moyen, vêtu comme je suis.

Il faut que ce soit moi qui pense à tout, reprit le seigneur, – tiens, – prends, — et entr'ouvrant son manteau, il remit au pauvre garçon un panier : – Voici des porcelaines de Chine, la princesse Marie les adore, et sacrifie tout son argent, dit-on, à ces achats-là ; —c'est un prétexte pour arriver jusqu'à elle : de la fille au père, il n'y a qu'un pas.

Mais la tabatière? demanda le pauvre Mikaël.

—Elle est parmi les porcelaines. — Elle est remplie du tabac du Levant, le mieux *conditionné*, ajouta le seigneur, en appuyant sur ce dernier mot. Je suis bien informé : de tous les habitants du château Stanislas est le seul qui prenne du tabac:—Il faut que tabac et tabatière aille droit à lui...

—J'en fais mon affaire, répondit le pauvre garçon; mais, à votre tour, seigneur, songez à ce que vous m'avez promis... Voyez, je suis à peine vêtu, je souffre horriblement, et ma mère aussi, elle a froid, elle a faim.

Tant que Stanislas existera, ta mère et toi, vous aurez faim et froid, répondit le seigneur en s'éloignant.

—Dans le fait! dit le pauvre garçon, en haussant les épaules, aussitôt que son interlocuteur fut parti,—que lui importe, à lui, il a un bon manteau, et sans doute, un lit bien chaud, et un déjeûner délicat qui l'attend chez lui, tandis que moi, que ma mère?... Oh! ma pauvre mère!...

En disant ces mots, serrant presque avec rage l'anse du panier que lui avait remis le seigneur inconnu, il allait, lui aussi, s'en aller lorsqu'il remarqua les premières lueurs du matin blanchir l'horison, et qu'il vit la porte du château s'ouvrir pour donner passage à un domestique qui sortait, sans doute, pour les besoins des habitants du château. Le jeune pauvre s'approcha de lui.

—Monsieur, lui dit-il, prenez pitié de moi, et faites-moi parler à la princesse Marie.

—Encore un pauvre qui vient implorer sa bonté, répondit brusquement le domestique, et qui s'y prend de bonne heure, j'espère, il ne fait pas encore jour.

—J'excuse vos soupçons, répliqua le pauvre.

Enfant de la Pologne, exilé comme votre roi,
mais plus malheureux que lui, puisque je suis
seul sur la terre...

—Vous venez en qualité de compatriote lui
demander l'aumône? interrompit le valet.

Le pauvre répondit avec douceur et sans
montrer la moindre impatience :—Je viens vendre à la princesse tout ce qui me reste des débris d'une fortune passée, quelques porcelaines...

—Si c'est ça, c'est différent, répondit le
valet... attendez là : je vais avertir la princesse.

Et le domestique rentra dans la maison en
refermant la porte sur lui.

II.

LES PORCELAINES.

—

Le jeune pauvre attendit encore assez long-
temps avant de voir la porte se r'ouvrir ; le jour

avait grandi, et quelques rayons de soleil s'é-
taient décidé à percer les nuages gris d'un ciel
d'hiver, lorsqu'une voix douce le tira de l'en-
gourdissement où le froid le plongeait.

—Vous avez, m'a-t-on dit, de belles porcelaines à vendre? reprit la voix.

Mikaël jeta les yeux sur la personne qui lui
parlait; au milieu des fourrures qui l'envelop-
paient, il distingua la figure plus agréable que
jolie d'une jeune fille; elle était accompagnée
d'une dame d'un certain âge, à laquelle, sans
doute, le froid ou la sortie du matin prêtait un
visage de mauvaise humeur.

— Oh! Princesse, dit Mikaël, prenant sa voix
la plus piteuse, auquel son accent étranger apportait quelques probabilités à ses paroles.

— Je suis un pauvre enfant de la Pologne,
dont le père est mort sur le champ d'honneur,
au service du roi Stanislas; venu en France avec
ma mère, qui était d'une bonne famille, nous
avons été obligé pour subsister de vendre, peu
à peu, tout ce qui nous restait d'une splendeur
passée; aujourd'hui, il ne nous reste que ces
porcelaines....

—Pauvre garçon! voyons vos porcelaines, dit la princesse avec bonté;... mais entrez d'abord, il fait ici un froid horrible.

— Y pensez-vous, Princesse, dit la dame âgée à l'oreille de Marie, – introduire dans le château... un étranger....

— Un Polonais, Mockzinska,... fit observer la princesse.

—Avez-vous son extrait de naissance, répliqua Mockzinska,... j'ai peut-être tort, chère Princesse, mais les jours de votre noble père si souvent menacés m'ont rendue méfiante; d'ailleurs, cet homme a une figure atroce, et un regard en dessous qui m'effraie malgré moi.

— Je t'avoue, Mockzinska, que je suis comme toi à me défendre de l'impression mauvaise causée par cet aspect, dit Marie toujours à voix basse, et regardant le soi-disant Polonais ruiné, dont la figure exprimait dans ce moment une anxiété marquée.

—Mais ce pauvre garçon s'est-il bâti tout seul, est-ce sa faute s'il est laid, et devons-nous le punir de sa laideur;—du reste ton observation peut être sage, sinon juste; voyons ces porcelaines en plein air...

Alors, se rapprochant de Mikaël, elle ajouta en haussant la voix :

—Voyons vos porcelaines, mon ami.

Le visage de Mikaël s'éclaircit à cette demande, et il s'empressa d'ouvrir son panier.

—Voici, dit-il, en tirant un à un les objets et les donnant à mesure à la Princesse et à la gouvernante, un vase en porcelaine de Chine, et les tasses d'un cabaret que jadis un riche armateur, notre parent, donna à ma mère le jour de son mariage avec mon père... Il faut avoir bien besoin d'argent, mesdames, pour se défaire d'un souvenir aussi précieux...et voici encore... Oh ! cet objet, bien qu'il ne soit qu'en vieux Saxe, m'est encore plus cher que tout....c'est la tabatière dont mon père se servait journellement.... J'avais entendu dire, car tous les Polonais aiment tant leur ancien roi, votre noble père, Princesse, notre père à tous...si j'ose m'exprimer ainsi, or, ainsi que nous le ferions pour notre père, nous savons ses goûts, ses habitudes, ce qu'il aime, ce qu'il n'aime pas, or, aucun Polonais n'ignore que le roi Stanislas a un goût très prononcé pour le tabac d'Espagne....alors... hier....j'ai dépensé le peu que je possédais pour

acheter d'un vieux espagnol ce qu'il lui restait
de ce tabac....j'en ai empli cette boîte....et je
pensais, Princesse, que vous auriez beaucoup
de plaisir à offrir à votre royal père cette tabatière
pleine du tabac qu'il préfère.

—Et ce tabac sent-il bon?.... demanda
Marie.

—Je n'en offre pas une prise à votre altesse,
répondit le faux marchand ouvrant la bonbonnière, mais la tenant à distance de ces dames,..
parce qu'il est très fort....très fort....ça porte
à la tête....surtout à celle des jeunes personnes...
Il faut le cerveau solide d'un homme dans la force
de l'âge pour en supporter une prise....

—Combien la tabatière et le tabac? demanda
la Princesse.

—Son altesse ne s'accommode-t-elle pas du
tout?—demanda le marchand.

—Oui... combien tout..., dit la princesse les
yeux complaisamment fixés dans l'intérieur de
la corbeille.

—Acheter tout.— Y pensez-vous, chère Princesse, interrompit la gouvernante, n'avez-vous
pas donné hier votre dernière monnaie à deux

pauvres enfants qui pleuraient de froid, et il ne vous reste que ce beau louis d'or à l'effigie du jeune roi de France, Louis XV,... auquel vous tenez tant que vous n'avez voulu rien acheter depuis huit jours pour ne pas le dépenser...

— Eh bien ! je te l'avoue, Mockzinska, dit la princesse d'un air d'enfant qui allait si bien à la jeunesse de son visage charmant,—je suis si aise de pouvoir offrir à mon père une prise de ce tabac d'Espagne qu'il aime tant,—je trouve ces porcelaines si jolies, que si ce jeune homme me laisse le tout pour mon louis....

—C'est juste ce que m'en a offert hier monsieur Lévi, un marchand de bric-à-brac, dit le jeune Mikaël, croyant à l'aide de ce mensonge engager davantage la princesse à acheter...

—Et vous avez refusé ? dit la princesse.

—A lui, oui, madame, mais à vous, non, répondit Mikaël, et prix pour prix, puisqu'il m'est permis de choisir un acheteur, je vous préfère, tenez !

—Non, gardez, répondit la princesse, je vais chercher l'argent.

Après avoir vu la princesse et sa gouvernante

rentrer au château, le faux Polonais se mit en les attendant à regarder de côté et d'autre ; soudain ses traits prirent une expression étrange, bien que le marché conclu fût sur le point de recevoir son exécution, il reprit en toute hâte son panier, sa marchandise, et s'enfuit à toutes jambes.

La personne qui avait causé son effroi était une pauvre mendiante bien connue dans tout Weissembourg pour sa misère et sa probité.

III.

LA MENDIANTE DE WEISSEMBOURG.

La princesse revenait portant son beau louis d'or qui brillait sur son gant blanc, et qu'elle regardait au moment de s'en séparer, comme on regarde un objet chéri qu'on ne reverra plus,

lorsqu'en levant les yeux pour chercher le marchand, elle ne vit plus ni marchand, ni porcelaines.

Eh bien! dit-elle, parcourant d'un regard
étonné les abords du château ; mais n'apercevant
que la vieille mendiante, elle l'appela:

— Ma bonne mère, lui dit-elle, savez-vous
où est allé le marchand de porcelaines qui était
là, il n'y a qu'un moment?

— Je n'ai vu personne, répondit la pauvre
femme d'un accent si faible que la princesse en
fut émue jusqu'au fond de l'âme... — Qu'avez-
vous, bonne femme, lui demanda-t-elle avec
bonté?..

— Froid et faim, répondit la mendiante.

— Chère Mockzinska, dit la princesse se tournant vers la gouvernante, allez-vous-en donc,
je vous en prie, à l'office, dire qu'on apporte
à manger à cette pauvre femme.

— Oh! oui, bien pauvre, en effet, et bien
à plaindre, reprit la mendiante pendant que
Mockzinska s'éloignait, et qui cependant ne se
plaindrait pas, madame, si elle souffrait seule.

— Vous avez des enfants? demanda Marie.

— Deux, madame, un fils et une fille; le fils!...

Dieu lui fasse la grâce de le maintenir dans la bonne voie….Quant à ma fille…elle se meurt..

—De quoi? demanda la princesse, le cœur serré.

— De misère, madame, c'est une maladie qui tue, et qui tue de la manière la plus cruelle, lentement et sans espoir…

—Mon Dieu! dit la princesse joignant les mains, et quel âge a votre fille?

L'âge de notre jeune roi Louis XV, madame, répondit la mendiante; elle est née le même jour que lui, le 15 février 1710.—Elle aura dix ans demain.

—Et que pourrait-on faire pour elle, bonne femme? répliqua la princesse.

—Un bon air!…Nous vivons dans une cave… Une nourriture saine…Nous ne mangeons que ce que nous trouvons au coin des bornes,—et du linge pour couvrir son pauvre petit corps tout bleu de froid…

—Tenez, oh! tenez, bonne mère, dit la princesse oubliant les porcelaines, oubliant à quelle effigie était marqué le louis, et le mettant dans les mains de la vieille mendiante. - Tenez, je n'ai que ça , oh ! pauvre mère qui voit mourir sa fille, comme vous devez souffrir.

—Tout, demanda la mendiante étonnée de l'or qui avait passé de la main de la princesse dans sa main.—Tout.

—Hélas! c'est bien peu pour tant de misère, dit la princesse.

—Oh ! ma bonne princesse, s'écria la mendiante avec l'expression de la reconnaissance, Dieu vous bénira, oui, vous serez un jour reine de France !

—Où demeurez-vous ? dit la princesse souriant à cette prédiction qui lui parut fabuleuse.

—Vieille rue de l'Arcade, n° 3, dit la pauvre femme.

—Dans ce moment Mockzinska revenait suivie d'un domestique portant des provisions ; il les remit à la mendiante.

—Vous permettez que je ne les mange pas seule ? demanda-t-elle.

—C'est trop juste, emportez, et attendez-moi toute la journée.

La vieille ne se le fit pas dire deux fois, et tout en s'éloignant on l'entendait encore verser toutes les bénédictions du ciel sur la princesse attendrie.

— Cette femme ne vous a-t-elle pas prédit que vous seriez un jour reine de France? demanda Mockzinska à sa jeune élève.

— Oui, dit celle-ci en riant.

Vous méritez cet excès de bonheur, chère princesse, et Dieu est trop juste pour ne pas vous l'accorder, dit Mockzinska.

Ton amitié pour moi, chère gouvernante, t'aveugle autant que la reconnaissance aveugle cette mendiante, dit Marie, quelle idée! que jamais j'épouse Louis XV; réfléchis donc, non-seulement le mariage du roi de France est conclu avec l'infante d'Espagne, mais encore l'infante est en France, où elle apprend la langue et les usages du royaume...Ce mariage peut se rompre, vas-tu me dire...soit...mais manque-t-il en Europe de belles et riches princesses, et le roi du plus beau royaume du monde ira-t-il choisir pour compagne la plus pauvre princesse de la terre, la fille de Stanislas, roi de Pologne, il est vrai, mais roi sans état, roi fuyant, exilé, vivant d'aumônes royales, et n'ayant pour asile

que le toit offert par des étrangers ; non, Mockzinska, je ne me fais pas illusion, du reste, la
plus belle couronne est celle que Dieu vous réserve dans le ciel , Marie Lesczinska n'en aura
pas d'autres.

Une voix interrompit Marie à cet endroit,
c'était celle du faux marchand.

— Voici les porcelaines, princesse , dit-il.

— Mon bon ami, je vous conseille de les
porter chez monsieur Lévi. Je viens de disposer
de la seule pièce d'or qui me restait, lui dit
la princesse.

Un tel excès de désappointement sauvage se
répandit sur le visage de Mikaël, que la princesse en éprouva comme une grande frayeur ;
cependant, bonne qu'elle était et mettant cette
expression sur le compte du chagrin et du besoin,
elle se hâta d'ajouter :

— Si vous ne les vendez pas à monsieur Lévi,
revenez demain , je verrai.

— Je reviendrai demain, dit Mikaël d'un accent où il y avait des menaces.

IV.

LE TABAC EMPOISONNÉ.

—

Mikaël, comme on le pense bien, n'avait point porté les porcelaines chez aucun marchand de bric-à-brac quelconque ; de sorte que le lendemain, à l'heure dite, il était encore devant le château, asile offert par le régent de France au malheureux roi de Pologne. Cette fois il ne vit pas la Princesse mais un valet seulement, qui lui dit sans aucun ménagement, et remplissant brutalement une commission qu'on lui avait recommandé d'adoucir :

— La Princesse ne peut, ni ne veut acheter vos porcelaines, portez-les ailleurs.

— C'est dommage, car j'en aurais partagé le produit avec vous, répondit Mikaël insidieusement.

15

—Mieux réfléchi, revenez encore demain, dit le valet séduit par cette offre à laquelle il ne s'attendait pas. La Princesse n'a pas d'argent aujourd'hui, mais demain elle en aura; tout le monde lui en donne ici; si ce n'est pas son père c'est sa mère ou la princesse Palatine sa grand-mère, qui lui remplit sa bourse chaque fois qu'elle la sait vide...

Le lendemain, Mikaël fut encore exact au rendez-vous. Cette fois la Princesse était sortie et ne devait rentrer que pour dîner; Mikaël reprit son panier et s'éloigna de nouveau; comme il traversait, pensif et soucieux, une rue qui conduisait hors la ville, il rencontra un voisin qui l'appela:

—Mikaël, lui cria ce voisin, d'où vient que depuis trois jours on ne t'a vu chez ta mère?

—J'ai eu affaire ailleurs, répondit brutalement Mikaël.

—Oh! tu le prends sur ce ton-là, lui répliqua le voisin; eh bien, si tu veux savoir ce qui se passe chez toi, vas-y voir, il y a du nouveau, c'est tout ce que j'ai à te dire.

Et, malgré que Mikaël le rappela pour avoir l'explication de ces paroles, le voisin s'éloigna sans avoir l'air seulement de l'entendre, et en sifflant.

Ces mots : *il y a du nouveau chez toi*, remuèrent l'âme de ce jeune homme ; comme tous les gens élevés à l'école du malheur, il ne pensa qu'à un malheur, à sa mère qui était malade peut-être, ou à sa sœur, qui sait?.. qui aura succombé à la maladie qui la minait ; n'y tenant plus, car le cœur de Mikaël n'était pas si corrompu que tous les sentiments de la nature n'y fussent éteints, il reprit le chemin de la ville, et se rendit à la maison où sa mère demeurait.

C'était une haute et noire masure construite dans une rue si étroite que jamais le soleil n'y avait pénétré ; comme il mettait le pied sur le seuil de cette maison, un enfant qui jouait aux osselets au milieu du ruisseau, lui cria : —Mikaël, n'entre pas là, ta mère a déménagé, elle demeure sur la petite place qui donne dans les champs ; là-bas, au bout de la rue, on entre par le jardin, ah ! elle est joliment logée, va!..

Tout étourdi par cette nouvelle qu'il avait de la peine à comprendre, Mikaël ne se décida à se rendre sur la place indiquée qu'après s'être bien assuré que sa mère effectivement ne demeurait plus à son ancien logement; toutefois, ce ne fut qu'en hésitant qu'il s'approcha de l'endroit désigné par l'enfant. Il regarda avant de se décider à entrer, doutant que ce fut là la véritable demeure de sa pauvre mère. Malgré la neige qui couvrait le jardin, et qui pendait aux arbres, comme autant de larmes blanches et glacées, on pouvait distinguer la bonne tenue de ce jardin, et la beauté des arbres fruitiers ; puis la maison qui était au bout, si petite qu'elle fût, avait un de ces aspects propres et simples qui remplacent et séduisent autant que l'élégance. Soudain une voix l'appela :

—Eh bien, Mikaël, que fais-tu là ?

Et une jeune enfant, pâle encore, mais les yeux rayonnants de bonheur, s'avança sur le seuil de la maison.

C'était sa sœur; Louise si malade il y a trois jours, qu'il fallait lui soutenir la tête pour la faire boire, et qui aujourd'hui marchait seule, sans soutien.

—Louise, lui cria-t-il en se précipitant vers elle, quel miracle ?

— Oh ! oui, un miracle, cher Mikaël, répondit l'enfant, ou plutôt un ange qui nous a visi-

tées,...entre...ajouta l'enfant en faisant entrer
son frère dans une première pièce servant de
cuisine, et le faisant asseoir près d'un bon feu
devant lequel une marmite bouillait,—regarde,
tout cela est à nous, à maman, à toi, à moi; tout
cela nous a été donné par une jeune dame qui
pleurait de voir notre ancien logement, et qui
disait :—Mon Dieu ! est-il possible qu'il y ait des
gens aussi malheureux ! hier, elle nous a con-
duites ici, dans une belle voiture, et aujourd'hui
nous l'attendons, elle va venir.

—Tiens, c'est toi, mon fils, dit une vieille
femme en sortant d'une pièce voisine, que
portes-tu là ? ajouta-t-elle en désignant le panier
que Mikaël tenait toujours à la main.

—Des porcelaines que l'on m'a chargé de
vendre, répondit Mikaël.

— Et dont la vente t'a tenu trois jours hors
de chez ta mère, mon fils, dit la mère, de ce
ton de reproche qui est presque une caresse dans
la bouche d'une mère.

Avant que Mikaël ait eu le temps de chercher
le mensonge que probablement il voulait faire,
une voiture s'arrêta à la porte de la petite maison, une jeune fille en descendit, parcourut

en courant l'allée du jardin, sur la neige duquel
son pied laissait à peine une trace menue et délicate, et entra dans la cuisine en s'élançant vers
le feu.

— Ouff, qu'il fait froid ! dit-elle.

Elle était suivie par une dame âgée qui s'approcha aussi du feu, sans parler.

A la vue de ces deux dames, Mikaël fit un
mouvement pour fuir, mais la plus jeune l'ayant
aperçue, l'en empêcha en lui disant :

Eh bien ! mon petit marchand de porcelaines,
avez-vous fait affaire avec monsieur Lévi ?

—Non, madame...répondit-il en balbutiant.

—Eh quoi ! Princesse, vous connaissez mon
fils? demanda la pauvre femme.

—Eh quoi ! cet enfant de la Pologne est votre
fils, demanda à son tour la Princesse ; puis,
voyant la confusion du fils et la colère de la
mère, le bon cœur de la Princesse vint en aide
à tous deux.—Je devine tout, mère Salson,
ajouta-t-elle, et pardonnez-lui comme je lui
pardonne; le mensonge est innocent ou du moins
excusable, puisqu'il était fait pour vous porter
du pain, et certes, s'il m'eût dit la vérité, s'il
ne m'eût pas fait le conte d'un monsieur Lévi

qui en donnait ce que j'en donnais, ce qui a fait
qu'en ne les achetant pas moi-même je ne l'em-
pêchais nullement d'avoir l'argent dont il avait
besoin; s'il m'eût dit enfin: —Ma mère meurt de
faim, et ma sœur de maladie, —je lui aurais donné
mon louis à lui aussi bien qu'à vous, mère Salson..., mais..., je ne veux pas l'accabler davantage, ainsi vos porcelaines ne sont pas ven-
dues?..ajouta Marie en apercevant la corbeille.

—Hélas! non, madame, dit Mikaël.

—Mon fils!...mon fils!...cria douloureusement la mère Salson...depuis quelque temps,
tu te déranges...tu frayes mauvaise société, tu
ne travailles plus chez le corroyeur où je t'avais
placé!..que fais-tu? où vas-tu?..et d'où viennent
ces porcelaines que je ne connais pas?

—D'un ami...d'un vrai polonais.., dit Mikaël
les yeux toujours baissés, l'air contraint, honteux même, et comme essayant de se dérober
à tous les regards qui semblaient peser sur lui.

—Alors, et comme la position de votre ami
n'est pas changée......, ses mêmes besoins
existent, demanda la Princesse.

—Oui...oui..., dit Mikaël.

—Heureusement que je suis assez riche pour

faire plusieurs heureux, dit Marie gaîment ; la
princesse Palatine, ma grand'mère, ayant appris
hier par le bavardage de mes gens, et un peu aussi,
je crois, par celui de chère Mockzinska, ajouta
Marie adressant un sourire de malice à sa gouvernante, a eu l'extrême bonté de remplir ma pauvre
bourse que je vide si souvent...et je peux acheter les porcelaines de votre ami polonais....sur-
tout la bonbonnière...La bonbonnière,...je la
donnerai à mon père, reprit la Princesse allant
à la corbeille, la découvrant et prenant à mesure les objets qu'elle en sortait et posait sur la
table.—Je donnerai le bol à la princesse Palatine,...les six tasses à ma chère mère...

—Et pour vous ? demanda Mockzinska.

—Pour moi..., dit Marie..., je demanderai
à mon père une prise de son bon tabac d'Espagne.

Disant ces mots, Marie avait pris la bonbonnière, l'avait ouverte, et, tout en parlant, l'approchait peu-à-peu de son nez, lorsque Mikaël, qui
depuis un moment suivait avec inquiétude chacun
des mouvements de la Princesse, la voyant presque passer son nez dans la tabatière ouverte,
s'élança vers elle, et pâle, palpitant, hors de lui,

il osa la lui arracher brutalement des mains, et, la jetant au milieu des flammes, il resta debout, interdit, et comme effrayé lui-même de cette action.

Que signifie?...s'écria, sur un ton différent, chaque spectateur de cette petite scène.

La Princesse seule n'avait rien dit; indignée et superbe, elle cherchait à lire sur le front du coupable la pensée qui faisait baisser ce front.

—Parlez, jeune homme, dit Mockzinska à Mikaël.—Quel pouvoir que nous ne comprenons pas, vous a forcé à manquer de respect à la fille du plus infortuné comme du plus vertueux monarque.

—Mon fils, Mikaël...es-tu fou? lui dit la mère douloureusement impressionnée.

—Mon frère?...lui murmura Louise, mais c'est la Princesse Marie, l'ange qui m'a guérie...

—Parlez, Mikaël, je le veux, dit Marie d'un ton de reine.

Et il y avait dans l'accent de cette jeune fille, une si grande puissance de volonté, que Mikaël, comme foudroyé par ces paroles et par ce regard de plomb qu'elle tenait suspendu sur sa tête, tomba à deux genoux, et, cachant son visage dans ses mains, il s'écria, en fondant en larmes :

—Je suis un monstre, un misérable, j'ai mérité la mort avec toutes ses tortures...Pendant qu'elle sauvait ma mère, qu'elle guérissait ma sœur, qu'elle répandait chez nous la santé, la joie, le bonheur....., moi...moi je portais la mort et la désolation.

—Malheureux ! ce tabac était empoisonné, et tu l'avais destiné à mon père, et tu avais choisi mes mains pour le lui offrir, s'écria Marie qui serait tombée à la renverse si Mockzinska ne l'eût reçue dans ses bras.

—Oh ! ça n'est pas vrai, Princesse, ça n'est pas vrai...s'écria la pauvre femme de Weissembourg en se frappant le front de désespoir.

—Répondez, monsieur, dit Marie reprenant un peu de calme.

—C'est vrai, dit Mikaël toujours sous la puissance du regard de la Princesse.

—C'est vrai, répéta la Princesse, levant les bras au ciel!..c'est vrai, vous vouliez tuer mon père, mais que vous a-t-il fait, insensé, parlez? Sans le savoir, cet homme si juste avait-il com-

mis quelques injustices à votre égard?..parlez...
cet homme si noble vous avait-il froissé?...
parlez...ce roi si infortuné vous avait-il puni de
ses infortunes?..parlez...mais parlez-donc, monsieur, quel mal vous avait fait mon père?

—Aucun, madame...mais...Oh! bien que je
n'implore pas votre pitié pour moi, au nom de
ma mère, de ma jeune sœur, écoutez-moi, dit
Mikaël se traînant presque aux genoux de Marie;...les hommes qui m'ont mis cet affreux
projet en tête, me répétaient à me rendre fou:
—Tant que Stanislas vivra, ta mère, ta sœur et
toi, vous aurez froid et faim....alors ...

—Quels étaient ces hommes, demanda Marie
faisant taire son indignation pour connaître et
déjouer les complots des ennemis de son père?

—J'ignore leur nom, leur rang, leur nombre, répondit Mikaël; mais demain j'ai rendez-
vous avec celui qui, depuis huit jours, est mon
mauvais génie,—sous les murs du château, sous
la fenêtre en ogive de la chambre du roi...Vous
en savez maintenant autant que j'en sais, Princesse...; quant à vous demander grâce...c'est inu-
tile..mon sort est fixé, ma vie est vendue..vendue
à ceux qui auraient vengé la mort de votre

père, vendue aux conspirateurs si je ne réussissais pas...

—Je vous prends sous ma protection, aucun mal ne vous sera fait, dit la princesse ; mais rendez-vous sur l'heure au château, où je retourne en toute hâte... Mon père, mon bon père, si noble, si bon, si vertueux, oh ! grand Dieu, vous accordera-t-il la récompense de vos vertus.

—Il l'a déjà accordé en vous, chère princesse, dit la mère Salson en pleurant, n'êtes-vous pas le sauveur du roi, et cela en nous accablant de votre immense bonté.

—C'est moi qui suis récompensée et au-delà de ce que j'ai fait pour vous... dit la princesse essuyant ses beaux yeux mouillés de larmes.... Oh ! retournons vîte au château, Mockzinska ? après le danger que mon père vient de courir, il me tarde de le revoir comme après une longue absence.

Ainsi, les jours de Stanislas furent encore une fois sauvés,—je dis encore une fois, parce que c'était la troisième ;—la première, le barbier chargé de lui couper la gorge s'échappa au moment d'accomplir son affreux dessein, laissant le roi, la serviette au cou et le visage barbouillé de savon ;—la seconde, les hommes apostés pour l'assassiner furent déjoués par un complot plus habilement ourdi que le leur ;—et la troisième et la dernière fut le prélude du plus grand événement qui combla de joie la famille Stanislas.

Le mariage de Louis XV étant manqué avec l'infante d'Espagne, les ministres de ce roi enfant cherchèrent qu'elle serait la princesse la plus propre à rendre Louis heureux, et après un examen, ils se décidèrent pour la fille de Stanislas, Marie Lesczinska.

Stanislas habitait toujours Weissembourg, lorsqu'il reçut la nouvelle de la demande qui lui était faite par le cardinal de Rohan, évêque de Strasbourg. Il passa aussitôt dans la chambre de sa femme, où celle-ci travaillait à des ouvrages à l'aiguille.

—*Mettons-nous à genoux et remercions Dieu,* dit-il en entrant.

—*Mon père !* s'écria Marie, *vous êtes rappelé au trône de Pologne.*

—*Ah! ma fille!* répondit le roi détrôné, *le ciel nous est bien plus favorable ; vous êtes reine de France.*

Le mariage fut célébré à Fontainebleau le 5
septembre 1725.

V.

Et maintenant que je vous ai montré Marie
Lesczinska, je vais en dire quelques mots : lisez,
cela ne vous ennuiera pas, c'est doux et simple
comme la vertu, cela fait le plaisir d'un beau
jour, d'un ciel pur, d'une mer sans tempête.

Six mois à peine était-elle sur le trône qu'elle
écrivait à son père.

« (*) J'espère, mon cher papa, que vous
« ne me laisserez plus attendre long-temps ce
« que vous m'avez promis ; marquez-moi bien
« clairement tous mes devoirs ; dites-moi
« toutes mes vérités, vous me connaissez mieux
« que je ne me connais moi-même. Soyez mon
« ange conducteur ; je suis bien assurée qu'en
« vous suivant je ne m'égarerai pas ; mais je
« ne répondrais pas de ce que je pourrais faire
« en ne suivant que ma pauvre tête. Il paraît

(*) Lettre inédite de Marie Lesczinska.

« qu'on est toujours aussi content de moi, je
« n'en juge point par ce que l'on me dit, qui
« n'est que flatterie, mais il me semble lire sur
« les visages, que l'on a de la joie à me voir,
« et cela m'en donne à moi-même. Que le bon
« Dieu soit de tout, mon cher papa. Je suis
« sûre que vous le priez bien pour le roi et
« pour moi. »

« MARIE. »

Son père s'empressa de lui envoyer ses conseils qu'elle demandait, et qui furent dictés
par la tendresse la plus éclairée, la sagesse la
mieux entendue, auxquels elle se conforma, et
qui lui valurent de la part du peuple français
le surnom de *bonne reine.*

Un jour, à Versailles, elle traversait le parc
avec son cortège ordinaire de seigneurs et de
grandes dames, lorsqu'une personne bien endi-
manchée l'aborde sans façon et lui dit : —Ça,
ma bonne reine, je suis venue tout exprès de
bien loin, entendez-vous, pour vous voir. Je
vous prie que j'aie cette consolation un peu à
mon aise.—Bien volontiers, ma bonne, lui dit
la reine en s'arrêtant.—Puis voilà la reine et la
paysanne causant comme deux connaissances ;

la reine poussa la complaisance jusqu'à s'informer du petit ménage, et s'il n'avait besoin de rien.

—De rien absolument, dit la pauvre femme.— Eh bien, m'avez-vous vu à votre aise, puis-je m'en aller et vous laisser contente? lui dit la reine. La pauvre paysanne se retira en versant des larmes de joie de tant de bontés.

Une autre fois, étant à Marly, dans la belle saison, et prenant le frais, à sa fenêtre, de très grand matin, elle vit passer sur la route une fille de Saint-Vincent, la reine l'appela :—D'où venez-vous si matin, ma sœur? lui demanda-t-elle.—De Triel, madame, répondit la religieuse sans se douter à qui elle parlait.—Vous avez fait bien du chemin, vous en reste-t-il beaucoup à faire, ma sœur? dit la reine.—Je comptais aller jusqu'à Versailles, Madame, mais je pense que je ne passerai pas Marly; on vient de me dire que la cour y était.

—Vous avez donc des affaires à la cour, ma sœur? lui demanda la reine.

—Mes affaires sont celles de notre hôpital qui est fort pauvre, madame, répondit la fille de Saint-Vincent; j'ai ouï dire qu'on avait confisqué des indiennes, et que monsieur le contrôleur général en faisait distribuer à des hôpitaux ; je désirerais bien qu'on nous en donnât pour faire quelques lits à nos malades.

—Ce serait une fort bonne œuvre, ma sœur, seriez-vous bien aise que j'en parlasse au ministre?—Je n'aurais pas osé, Madame, prendre la liberté de vous en prier, mais si vous avez ce pouvoir, car je pense que vous êtes de la cour, votre recommandation vaudra mieux que la mienne.—Eh bien, comptez, ma sœur, que je n'oublierai pas l'hôpital de Triel.

La religieuse remercia et s'éloigna, mais à peine eût-elle fait quelques pas qu'elle se repentit de n'avoir pas demandé le nom de l'aimable inconnue qui venait de lui montrer tant de bontés. L'idée lui prit de revenir sur ses pas, la reine était encore à la même place.

—Pardonnez à la curiosité qui me ramène, Madame, lui dit-elle, mais je voudrais bien savoir quelle est la dame qui m'honore si généreusement de sa protection.

N'en dites rien... c'est la reine, répondit la reine en mettant gracieusement son doigt sur sa bouche charmante.

Je ferais un livre entier de ces traits-là, si

je voulais, et je ne trouve dans l'histoire d'autres reines à comparer à l'admirable Marie Lesczinska, que notre aimable et bonne reine Marie-Amélie.

Je ne veux pas finir cet article sans vous citer quelques maximes écrites de la main de la femme de Louis XV.

« Les lois nomment des tuteurs aux prodi-
» gues, elles devraient bien aussi en donner aux
» avares; les premiers ne sont injustes qu'à
» eux-mêmes et à leurs familles; ceux-ci le sont
» au préjudice de toute la société. »

« Une personne sensée estime une tête par ce
» qu'il y a dedans, les femmes frivoles par ce qu'il
» y a autour. »

« Les femmes les plus médisantes sont tou-
» jours celles qui offrent le plus de matières à
» la médisance; elles indiquent les défauts d'au-
» trui de peur qu'on ne s'occupe des leurs. »

Marie-Catherine-Sophie-Félicité Lesczinska, née le 23 juin 1703, mariée le 5 septembre 1725, après avoir donné au roi dix enfants, deux princes et huit princesses, mourut le 24 juin 1768, à l'âge de 65 ans.

FIN.

MARIETTA TINTORELLA,

Née en 1560.

MARIETTA TINTORELLA.

I.

LA FEMME DU TEINTURIER.

———

A Venise, près de Santa Maria d'ell'Orta,
autrement dit: *Sainte Marie du Jardin*, qui
appartenait à l'époque dont nous parlons, en
1575, aux chanoines réguliers de St-Ambroise,
on voyait une maison sur laquelle de grandes
lignes rouges, vertes, bleues et jaunes, indiquaient la demeure d'un teinturier, mais aucun
drap, aucune étoffe, pendus au dehors, ne témoignaient de l'activité des ouvriers ;—et en dedans

les chaudières renversées et le silence du laboratoire, tout disait que depuis long-temps le
commerce qui avait nourri les habitants de cette
maison s'était arrêté. Le jour tombait, et une
brise fraîche remplaçait depuis un moment l'ardente chaleur du mois d'août : une vieille femme
ouvrit la porte du jardin pour aller respirer l'air
du soir. La main appuyée sur une canne, elle
s'avançait lentement à travers les arbres de son
verger, examinant de l'œil, et souvent touchant
de la main qu'elle avait de libre, les beaux fruits
suspendus aux branches. Le bruit que fit un
homme en marchant derrière elle, lui fit tourner
la tête.

C'est toi, Jacques ! dit la vieille femme. Ta
figure est toute contrariée... qu'y a-t-il ? – Il y a...
il y a, que le jour baisse et que je n'y vois plus,
répondit cet homme, en brisant dans ses doigts,
avec dépit, un de ces petits pinceaux dont les
peintres se servent pour étendre la couleur.

Le jour baisse pour tout le monde, mon fils,
répliqua la vieille d'un ton doux et calme.—Oui,
mais ma palette était chargée, j'avais à fondre
des tons de chairs qui d'ici à demain se sèche-
ront, et il faudra recommencer comme de plus

belle. Oh! quel état, quel état!...—Eh bien!
tu recommenceras ta teinture demain.

—Ma teinture! répéta Jacques brusquement...
vous vous croyez toujours du vivant de mon père
et la femme d'un teinturier, ma mère!—Vous
êtes la mère d'un peintre; signora Robusta!
rappelez-vous donc de cela,—mère du Tintoret:
la peinture et la teinture,—ça fait deux.

Il n'y a pas tant de différence, répondit la
vieille femme sans s'émouvoir : peinture ou teinture, ça se fait toujours avec des couleurs,
ainsi....

Pas de différence!! répéta Jacques en répri-
mant un mouvement d'impatience.—Et certes
oui, je sais bien ce que je dis, ou plutôt, si tu
aimes mieux, ce n'est que la manière d'employer
les couleurs qui fait la différence. Ton père,
mon pauvre Robusti, que devant Dieu soit son
âme! les faisait bouillir et trempait les étoffes
dedans; toi, tu les étends avec ton pinceau
sur la toile; mais d'une manière ou d'une autre, c'est toujours de la couleur, et tu ne voudras pas, j'espère, apprendre à ta mère, ce que
c'est que de la couleur, à moi fille, femme et
mère d'un teinturier..., moi qui suis née dans

la partie!—Tenez, ma mère, laissons ce chapître, et parlons un peu de nos enfants,—dit
Jacques, maîtrisant un mouvement d'impatience.
—C'est ça, parlons de mon beau petit Dominique et de ma gentille petite Marietta, dit la
vieille grand'mère, prenant le bras de son fils
et s'y appuyant avec un air de satisfaction maternelle.—De votre beau petit Dominique!—
un grand gaillard de vingt ans, mon élève et
mon successeur! celui-là, je l'avoue, fait ma
gloire et mon bonheur, dit l'artiste relevant la
tête avec fierté. Quelle pureté de dessin! quel
coloris brillant! comme moi il a pris pour devise
cette inscription que j'ai fait graver sur les mu-
railles de mon atelier: *le dessin de Michel-Ange
et le coloris de Titien.* Il héritera de mon nom
comme de mon talent. Dans les siècles à venir
on confondra le Tintoret père avec le Tintoret
fils.—Avez-vous vu son dernier tableau, ma
mère!—ce tableau que lui ont commandé les
chanoines réguliers de Saint-Ambroise pour leur
petite chapelle de Santa Maria d'ell'Orta?

Comment l'aurais-je vu! dit la signora Robusta, je ne le vois pas lui-même, ce petit: il
n'est jamais au logis?—C'est-à-dire, ma mère,

qu'il ne bouge pas de son atelier.—Pourquoi alors, mon fils, quand je vais y frapper, ne m'ouvre-t-il pas, et ne me répond-il même pas? —C'est que lorsqu'un artiste est à son ouvrage, il n'entend rien de ce qui se passe autour de lui. J'approuve assez sa manie de s'enfermer à clé ; on n'est pas dérangé, comme cela...., mon Dominique me fera honneur !...Je voudrais pouvoir en dire autant de Marietta, ajouta-t-il avec un soupir douloureux.

Marietta ! Eh bonne Sainte-Vierge ! que pouvez-vous avoir à reprocher à cette chère petite ? mon fils !—Beaucoup de choses, ma mère, beaucoup, et une entr'autres. J'avais décidé dans ma sagesse, que n'ayant que deux enfants, et voulant les consacrer tous les deux aux arts, l'un apprendrait la peinture et l'autre la musique. Dominique m'a obéi, je n'ai rien à lui reprocher. Mais Marietta, Marietta ! combien y a-t-il que je ne l'ai entendue chanter ni jouer de la mandoline ! dites ma mère, dites ? Et pourtant elle sait, l'ingrate enfant, combien sa douce voix me délasse de mes travaux, combien j'aime à l'entendre !

Eh bien ! je lui dirai cela, Jacques et elle se

remettra à chanter ; ne soit donc pas toujours
ainsi de mauvaise humeur contre toute la nature,
—contre le jour qui baisse, contre le soleil qui
donne des reflets,—contre moi, parce que je trouve que la peinture et la teinture c'est bonnet blanc
ou blanc bonnet,—contre cette pauvre petite
Marietta, la douceur même, qui ne chante pas,
parce que peut-être, elle est enrouée. Au lieu
de t'appeler, comme tout Venise t'appelle, le
Tintoret Jacques Robusti, je t'appellerai du
nom dont les membres de la commune de Saint-
Roch t'ont baptisé, *il Furioso*.

Ah ! s'écria l'artiste, dont la figure sembla
s'illuminer, — vous vous souvenez cela, ma
mère ! mon Dieu, je ris encore de la surprise
de mes rivaux à la preuve sans réplique de mon
étonnante facilité. Cette communauté avait demandé des dessins à Paul Véronèse, à Salviati,
à Frédéric Zucchero et à moi, dans l'intention
de choisir les meilleurs. Mon tableau était fini
et mis en place, que les autres n'avaient seulement pas achevé leur esquisse...quel triomphe !
quel beau triomphe !

Triomphe, soit, Jacques, mais pendant que
nos enfants ne sont pas là, permets-moi, à mon

tour, de te gronder un peu et de t'adresser une simple observation : Fais-moi le plaisir de me dire à quoi sert la peinture?—Le plus bel art qui existe!...ma mère :—Animer une toile, lui donner la vie,—et quand ce ne serait que rappeler les traits chéris d'un être aimé! ravir à l'éternité, à l'oubli, une image adorée!.. Et vous demandez à quoi sert la peinture! ma mère?...

—Je te parle en femme de ménage, et tu me réponds en artiste, Jacques. La peinture nous fait à peine vivre, et c'est de cela que je me plains. La teinture de ton père nous rapportait cent fois plus que ta peinture, Jacques.—Brisons-là, ma mère,—je ne suis pas un marchand, dit Jacques séchement.—Et c'est de quoi je me plains, mon fils, car d'abord il faut vivre.—Ne vivons-nous donc pas, ma mère! manquons-nous de quelque chose au logis!

—Oui, mais c'est un secret de Marietta, Jacques. Je ne sais comment cette petite fille fait pour conserver l'argent, un ducas dure un mois dans ses mains.

Où est-elle? ma mère.—Sortie, Jacques.—
14

Sortie à l'heure du souper! voilà encore un de mes griefs contre cette enfant : je ne peux pas veiller sur elle ; je vous l'ai confiée, où est-elle? — Votre fille n'a pas besoin qu'on veille sur elle, Jacques ; c'est un ange, et les anges se gardent entre eux.

L'arrivée d'un nouveau personnage, qui parut alors sur le perron du jardin, fit taire la mère et le fils : tous deux allèrent au-devant de cette troisième personne.

II.

UN SECRET DE JEUNE FILLE.

C'était une jeune fille d'une beauté remarquable. Sa taille mince et svelte avait la souplesse et le mouvement onduleux du roseau ; ses beaux cheveux bruns, retenus sur le sommet de sa tête par des épingles d'or, laissaient à découvert un front d'une pureté angélique, mais tous ces traits, d'une ligne parfaite, étaient entièrement privés de cette fraîcheur veloutée qui appartient à l'enfance. Une pâleur languissante donnait à son visage d'enfant, l'apparence de la souffrance; ses beaux yeux bleus, tristes et ternes, portaient l'empreinte du travail : tout ce jeune corps s'inclinait vers la terre, et, fatigué, semblait demander le repos que cette mère commune n'accorde ordinairement qu'à la vieillesse. En apercevant la mère Robusta et le Tintoret, une légère rougeur vint un instant colorer son teint pâle. — Eh ! quoi, dit-elle avec un son de voix si doux et si lent, qu'il était, à lui seul, une harmonie céleste, eh ! quoi, le souper est servi, et vous êtes tou s les deux à causer. Vou n'avez donc pas faim, grand'mère ! et le travail vous ôte l'appétit, mon père?

Nous t'attendions, Marietta, lui dit son père. D'où viens-tu?—Du palais Grimani, mon père, répondit-elle simplement.

Marietta, Marietta, répliqua Jacques en prenant avec sa fille le chemin de la salle à manger, tu es grande; les plus jolies filles de Venise

t'appellent la plus belle; tu es bientôt d'âge à
te marier, et la comtesse Grimani a un fils de
vingt ans...Eh bien ! où est le mal? demanda
la mère Robusta en s'asseyant à table; si le
comte Grimani apprécie les qualités de notre
enfant! et puisque Marietta est d'âge à être mariée, il peut l'épouser.

Certes, répondit le Tintoret, en découvrant
la soupière et commençant à servir le potage,
je ne suis pas de ces pères qui contrarient l'in-
clination de leurs enfants, ma fille peut épouser
un homme du peuple, comme elle,—ou un
prince si elle le veut, mais j'aimerais mieux
qu'elle épousât un homme du peuple.—Et moi
je préfèrerais le prince, dit la vieille mère.

Un homme du peuple qui ne rougirait pas de
m'appeler *mon père*, et qui ne vous mépriserait
pas, dit l'artiste.—Un comte qui donnerait à ma
petite fille le nom de *comtesse !* répliqua la teinturière avec orgueil.—Un homme du peuple qui
rendrait ma fille heureuse, ma mère !

—Un comte pourrait tout aussi bien la rendre
heureuse, mon fils.

— Il ne faut pas sortir de son état, ma mère.—
Il n'est pas défendu de s'élever, Jacques.—On ne

doit s'élever que par le talent.—Est-ce que le talent élève ? Jacques.

Oh ! ma grand'mère, dit Marietta qui jusqu'alors avait gardé un silence modeste, pouvez-vous dire, vous, la mère du Tintoretto, que le talent n'élève.—Ton père est-il noble ? petite sotte, dit la mère Robusta : a-t-il des titres ?... réponds ?

—Il n'a pas la noblesse des titres, mais il a la noblesse du talent et du génie, ma bonne-maman, répliqua la jeune fille dont le beau visage s'animait en regardant son père. Venise est fière de mon père, elle le cite au nombre des citoyens les plus célèbres. Et dites, dites, chère bonne-mère, quel nom de comte, de marquis, de prince, mettrez-vous en parallèle avec celui du Tintorét ?

Le Tintoret avait cessé de manger pour regarder sa noble enfant.

—Ta, ta, ta, dit la vieille vénitienne en hochant la tête. Qu'est-ce que c'est donc que ton père ? Marietta ; un teinturier, ma fille, comme feu son père, mon pauvre Robusti,—que devant Dieu soit son âme ! vois-tu, petite, Jacques a beau faire des tableaux, des apothéoses, des Adam et Ève séduits par des serpents, il ne sort pas de son état, il ne sort pas de la couleur, il ne broie ni plus ni moins que feu son père, c'est-à-dire, entendons-nous,—un peu moins que mon pauvre mari..—Ne parlons ni peinture, ni teinture, bonne-maman, se hâta de dire Marietta qui avait surpris un froncement de sourcils chez son père.

—Tu as raison, Marietta! parlons plutôt de ton frère. En sortant de mon atelier j'ai regardé dans le sien, il n'y était pas. Sais-tu où il est? —Marietta répondit avec embarras : Il ne faut pas vous inquiéter, mon père, ni gronder Dominique, il sera allé se promener...avec quelbues amis,.Il n'y a pas de mal, répliqua Jacques, tu n'as pas besoin de rougir ni de baisser les yeux, ma fille, je ne gronderai pas Dominique pour cela : quand on a bien travaillé, il faut s'amuser.

—Mais je ne rougis pas, dit Marietta dont l'embarras augmentait.—Rougir! dit la vieille grand'maman; elle est plutôt pâle que rouge, la petite.—C'est vrai, reprit le père, est-ce que tu serais malade? mon enfant; aurais-tu quelque chagrin? parle. Tu es modeste, tu es sage et honnête fille, cela me raccommode avec toi.

—Vous m'en vouliez donc, mon père, et pour-

quoi ? demanda la jeune fille d'un air inquiet.
– Oui, dit le Tintoret en regardant fixement sa
fille, oui, je t'en voulais, parce qu'il y a des mystères dans ta conduite.—Des mystères, interrompit la mère Robusta !

— Ne m'interrogez pas, ma mère, car si je
n'ai pas parlé plutôt, c'était pour ne pas vous
affliger. N'appelez pas cela mystère, si vous
voulez, mais enfin la conduite de Marietta est
inexplicable depuis quelque temps : je ne la vois
plus aller et venir gaîment dans la maison, je
ne l'aperçois plus le matin, courant dans le jardin, cueillant des fleurs ou ramassant des fruits,
je ne l'entends plus chanter ni jouer de la mandoline. Si tu n'es pas malade, Marietta, si tu
n'as point de chagrins, pourquoi donc pâlis-tu
ainsi, maigris-tu à vue d'œil, et changes-tu
enfin ?

Un petit coup, légèrement heurté à la porte
de la rue, vint heureusement couper l'entretien,
et sauver à Marietta l'embarras de répondre.
Elle se leva en courant et alla ouvrir.

III.

LE CHANOINE RÉGULIER DE SAINT-AMBROISE.

———

A la vue d'un homme portant le costume
des chanoines réguliers de Saint-Ambroise, le
Tintoret et sa mère se levèrent et saluèrent
respectueusement. Quant à Marietta, cette
visite semblait l'avoir atterrée ; elle était restée
debout, laissant le père à la porte sans l'inviter
à entrer, et la porte ouverte, sans songer à la
refermer. — Soyez le bien-venu, père Ambrosio,
dit la signora Robusta, se confondant en révé-
rences ; donnez-vous la peine d'entrer, de
vous asseoir, si j'osais offrir à votre excellence
une part de notre souper !... Eh bien ! Marietta ? où as-tu donc la tête, de laisser ainsi
son excellence debout. Un siège, vite, ma fille,
un siège !

Marietta ayant réussi à calmer son émotion, essaya de sourire pour réparer son étourderie, et refermant la porte derrière le chanoine, elle lui avança, avec empressement, une chaise auprès de la table.— Reposez-vous, père Ambroise, lui dit-elle; votre excellence veut-elle accepter une assiette de soupe, un verre de vin?—Merci, ma chère enfant, dit le père Ambrosio dont la figure sévère sembla s'adoucir pour parler à Marietta.—Remettez-vous, signora Robusta, continuez votre souper, signor Jacques...J'étais venu....

—En voisin, nous voir, interrompit vivement Marietta, qui essayait de cacher, sous une gaîté bruyante, une anxiété qui, malgré elle, perçait dans son regard et dans son maintien: c'est bien poli, bien aimable à vous, mon père... mais les chanoines de votre ordre sont si bons, si indulgents...si je n'avais pas pour confesseur, depuis ma naissance, le père Pauli, un bien saint homme, aussi, c'est dans votre ordre que j'aurais choisi un directeur de ma conscience, père Ambrosio.

—Une conscience aussi pure que la vôtre,

*

doit être facile à diriger , ma fille, répondit le chanoine ,—mais j'étais venu...

N'est-ce pas vous qui dirigez celle de la comtesse Grimani ? mon père, interrompit encore Marietta.—Oui, ma fille.—Elle a eu bien des chagrins, mais il paraît qu'ils vont finir, se hâta de dire Marietta. On aurait dit qu'elle avait peur de laisser parler le chanoine.

—Quel chagrin ? dit la grand'mère, qui depuis un moment se tourmentait sur sa chaise pour se mêler à la conversation.

—D'abord sa fille, la marquise Donato , dont la santé a été languissante si long-temps, qu'elle a pensé la perdre !...puis les dangers que courent à tous moments, son mari, le doge de Venise , et son fils Léopol, dans la guerre de la république contre les Uscoques.

—Qu'est-ce que c'est que ça ? demanda la teinturière.—Ce sont les sujets de l'Autriche en Croatie, ils exercent continuellement la piraterie dans l'Adriatique, mais l'armée vénitienne vient, dit-on, de brûler tous leurs villages et de passer au fil de l'épée tous les habitants.

—Tous? demanda la vieille grand'mère, avec

un sentiment d'horreur.—Excepté ceux qui se
sont refugiés dans les montagnes, répondit
Marietta.

Ah! ça, d'où vient que tu te trouves instruite
des affaires de la république, dit Jacques Robusti, souriant avec étonnement au babil de sa
fille.—C'est la comtesse Marino Grimani qui
m'a raconté cela ce matin, répondit Marietta,
honteuse de l'observation de son père.

Le Tintoret s'adressa au chanoine : — Je vous
demande pardon, mon père, pour le bavardage de cette petite fille, qui vous a déjà interrompu deux fois au moment où votre excellence
allait nous annoncer le motif de son heureuse
visite.

—Je désirerais parler à votre fils Dominique,
signor, dit le père Ambrosio.

— Mon frère est sorti, dit Marietta en prenant
vivement la parole, mais demain, il ira vous
parler, si vous le désirez : dites-moi votre heure,
mon père, et il sera exact. Oh! Dominique
sera exact à l'heure que vous lui indiquerez,
j'en réponds.—Si vous vouliez me dire ce que
vous lui voulez, demanda le Tintoret.

Comme le père Ambrosio ouvrait la bouche,

pour répondre, Marietta s'empressa de dire :
c'est pour le tableau de la chapelle de *Santa
Maria d'ell'Orta*, je devine, n'est-ce pas mon
père?—Il est fini, ou presque fini, quelques
brillans encore à donner, et demain ou après…
votre chapelle en sera ornée, croyez à ma parole, mon père, ajouta-t-elle en baissant la
voix, et ne parlez pas d'autre chose ici, je vous
en prie.

Le père Ambrosio se leva. C'est tout ce
que je voulais, du moins pour le moment, dit-il
en appuyant sur cette dernière phrase, la si-
gnorina Marietta a raison…, mais si, dans trois
jours ; je n'ai pas mon tableau, je reviendrai,
ma fille : l'indulgence est commandée par la
charité, je le sais, mais une trop grande indulgence n'est souvent que faiblesse, et avec elle
on devient complice de bien des fautes qu'on
aurait pu éviter si on avait eu plus de fermeté…
je ne dis pas cela pour vous, mon enfant, et
cependant vous pouvez en faire votre profit,
ajouta-t-il en saluant et en se retirant.

Eh bien ! à qui en veut-il donc alors, avec
son indulgence, sa charité, sa faiblesse et ses
fautes, dit la teinturière après le départ du cha-

noine:—Bast! ma mère, le saint homme lâche
ses préceptes, comme moi je file mes sons, pour
entretenir ma voix :— Mais achevons de souper,
dit Marietta, comme quelqu'un soulagé d'un
grand fardeau.

IV.

PROMENADE MATINALE.

——

Tout dormait encore dans la maison de l'artiste, même le Tintoret si matinal ordinairement ;
il est vrai que le soleil n'était pas encore levé,
—lorsque la porte de la chambre s'ouvrit doucement, et Marietta, pâle et blanche comme la
blanche fleur de l'églantier, parut sur le seuil.
— Aucun bruit, dit-elle en écoutant, pas encore
rentré !...Je n'ai pas fermé l'œil de la nuit,...
oh ! mon frère, mon frère, que tu es coupable !

—Puis elle s'avança lentement dans le corridor, descendit l'escalier, ouvrit la porte de la sortie et s'élança dans la rue. En passant devant l'église Saint-Marc, la pieuse vénitienne s'arrêta ; mais son attention n'était point attirée par la composition bizarre et l'architecture extraordinaire de cet édifice, par sa façade longue et basse que présente sur une ligne, cinq grandes arcades fermées par autant de portes de bronze, et dont chacune est soutenue par vingt-quatre colonnes de marbres orientaux. Au-dessus, sur toute la largeur de l'église règne un balcon au milieu duquel s'élèvent, sur un piédestal en marbre, ces quatre célèbres coursiers grecs que nous avons vus à Paris sous l'empire, et qui, ravis à Athènes, se sont promenés successivement à Rome, à Bizance, à Venise et à Paris.—La jeune fille ne regardait pas non plus la balustrade de cette galerie, horriblement ornée de têtes coupées par l'inquisition ; elle hésitait si elle entrerait prier Dieu, ou si elle continuerait sa route, remettant sa prière au retour ; mais sa piété l'emportant sur son inquiétude, elle marcha vers une des cinq arcades et pénétra dans l'intérieur de l'église. Elle passa, en se signant, devant toutes les parois en mosaïques qui représentent sur un fond d'or des figures de saints, et elle alla s'agenouiller devant le grand autel de Sainte-Sophie, qui fut apporté de Constantinople avec ses colonnes de marbre.

Son acte de dévotion accompli, Marietta se releva et sortit de l'église ; elle se dirigea vers le canal, et un moment, ses yeux errèrent sur toutes les gondoles qui glissaient furtivement sur l'eau. Ces gondoles, d'une forme gracieuse et légère, sont relevées à l'avant et à l'arrière d'une manière très pittoresque ; la proue est armée d'un grand fer de hache accompagné de six pointes d'acier : le milieu de la gondole, entièrement peint en noir, est occupé par une espèce de petite tente recouverte de drap noir, et dans laquelle quatre personnes peuvent s'asseoir à l'aise sur des coussins élastiques et doux. —A l'approche de la jeune vénitienne, un gondolier qui chantait un de ces jolis refrains si gais et si populaires à Venise, interrompit son chant pour lui demander si elle voulait entrer dans sa gondole. Se contentant de faire un signe négatif de la tête, Marietta passa outre et continua sa marche par les rues ; car bien que tous

ceux qui ne sont pas allés à Venise se fassent de
cette cité une image de maisons entourées d'eau ;
il y a des rues, qui sont étroites à la vérité,
pavées de larges dalles, garnies de chaque côté
de très-jolies boutiques, et dans lesquelles les
carosses ne passent jamais, par la raison toute
simple, qu'il n'y a pas de carosses à Venise, et
que lorsqu'on ne veut pas marcher, on prend
une gondole, comme à Paris on prend un fiacre.

Hâtant sa marche, Marietta ne s'arrêtait que
lorsqu'une gondole s'approchait de terre pour
y déposer un voyageur ou deux, ce qui arrivait
encore rarement à cette heure matinale, et après
avoir examiné avec une curiosité inquiète le voyageur qui débarquait, elle continuait sa route. Une
voix qui l'appela par son nom la fit tressaillir,
et, se retournant subitement, elle se trouva en
face d'un grand garçon, dont les vêtements en
désordre, le visage illuminé et le maintien chan-
celant, prouvaient que, bien qu'il fût matin, il
n'était pas à jeun.

--Dominique ! s'écria Marietta d'un accent dans
lequel était renfermée une longue suite de reproches.—Eh bien ! oui, je sais ce que tu veux dire,
Marietta, répondit le jeune homme, affectant

une assurance que tous ses traits démentaient, je suis un mauvais sujet, un vaurien, un ivrogne, un paresseux, n'est-il pas vrai?—Tu es pis que cela, Dominique, dit Marietta d'un ton de profonde tristesse, tu es un mauvais fils et un mauvais frère.

—Oh! pour cela, je t'arrête, Márietta, tout ce que tu voudras, excepté ça. J'adore, je vénère, je respecte mon père, et toi ma sœur, je t'aime, vois-tu, je t'aime plus que tu ne le crois.—Si tu m'aimes, Dominique, reviens donc au logis.—Tu vois comme je t'obéis, Marietta bien aimée, dit Dominique en reprenant avec sa sœur le chemin de chez lui. Tout en marchant, Marietta dit:

—Le père Ambrosio est venu hier au soir au logis: oh! que j'ai eu peur, mon frère.—Peur du père Ambrosio! ma sœur.—Hélas, pas de lui, Dominique, mais de ce qu'il pouvait dire! si tu savais tout mon manége pour l'empêcher de parler de l'argent que tu lui dois! Et ce tableau, qu'en ton nom j'ai promis pour demain! Tu vas te mettre à l'ouvrage tout de suite en rentrant, Dominique!—C'est-à-dire que je vais dormir, Marietta, je tombe de sommeil.—Dormir ! Dominique , tu pourrais dormir ?—Tu vas voir, Marietta , tu vas voir, et ronfler encore , si je peux.

Marietta répéta d'un accent plein de reproche :

- Tu vas dormir, lorsque peut-être ce soir, demain , mon père qui te croit le meilleur des fils, qui te cite à chaque instant comme un modèle accompli, mon père apprendra que ce fils studieux passe ses jours et ses nuits au cabaret, que l'élève dont il est fier , n'a pas touché un pinceau depuis un an, et que cet enfant si rangé, si sage , emprunte de tous les côtés de l'argent pour ses débauches ! Dominique, une phrase du père Ambrosio m'a fait frémir hier au soir; il n'a point été la dupe de mon manége, et , en se retirant, il m'a dit...mais écoute-moi donc... il m'a dit :—*Une grande indulgence n'est bien souvent que faiblesse, et avec elle on devient complice de bien des fautes qu'on aurait pu éviter si on avait eu plus de fermeté.*

Ecoute à ton tour, petite sœur, dit Dominique d'un ton calin, si je ne dors pas, je tomberai malade,—tu ne voudrais pas me voir malade, n'est-ce pas ?—La madonne m'est témoin que non, dit Marietta avec onction.—Eh

bien ! alors, laisse-moi me coucher en rentrant
au logis...

— Mais le tableau de la chapelle de Santa Maria
d'ell'Orta ! — La main qui l'a conduit jusqu'ici
le mènera bien jusqu'à la fin, dit insidieusement
Dominique. — C'est-à-dire, Dominique, que tu
comptes sur moi pour le finir. — Tu as une perspicacité étonnante, Marietta. — Et toi, une assurance qui n'a pas de nom. — Mais il m'est impossible d'achever ce tableau, et je vais t'avouer
pourquoi : — Je fais le portrait de la comtesse
Grimani ; elle m'a fait l'avance de quelques
ducats dessus.

— Tu as eu tort, Marietta, tu as eu tort, il
ne fallait pas emprunter dessus ton portrait. — Tu
as bien emprunté sur ton tableau, Dominique !
— Oh ! moi, c'était différent, j'avais des dettes
qu'il fallait payer. — Et moi, Dominique, j'avais
le ménage de mon père, de ma grand'mère, et
toi, à entretenir ; mon père gagne juste de quoi
couvrir ses frais, et il faut pourtant que nous
mangions.

— Il fallait me dire cela, Marietta, et j'aurais
agi en conséquence. — Et je te l'ai dit cent fois !
— J'en conviens, mais dans de mauvais mo-

ments, Marietta, toujours au moment où j'allais faire une partie avec des amis, ou au moment où j'en revenais.—Mais tu es toujours dans ces moments-là, Dominique!

Le frère et la sœur étaient alors arrivés devant la porte de la maison du teinturier; ils y entrèrent, personne n'était encore levé. Au moment où Marietta posait le pied sur la première marche de l'escalier qui conduisait à l'atelier de son frère, celui-ci prit la main de sa sœur, et la serrant tendrement, il lui dit:—Adieu, ma sœur, je vais me reposer. Et il disparut en refermant sur lui la porte d'une petite chambre qu'il occupait au rez-de-chaussée.

Marietta resta un moment comme anéantie, puis, de l'air de quelqu'un qui se résigne à regret, elle se dirigeait vers l'atelier de son frère, lorsqu'elle s'entendit appeler fortement par son père.

V.

LA LEÇON DE MANDOLINE.

Marietta, dit le Tintoret, son pinceau d'une main, sa palette de l'autre, et debout devant un des meilleurs tableaux, représentant Suzanne au bain, — prends ta mandoline et viens me faire un peu de musique pour m'égayer ce matin. — A cet ordre qui n'admettait aucune réplique, Marietta devint pâle et tremblante. — Mon père, dit-elle en hésitant, ne pourriez-vous m'excuser… mais… mais… — Mais quoi ? dit le Tintoret impatienté. — J'ai le portrait de la comtesse Grimani à finir, dit-elle vivement et croyant avoir trouvé une bonne raison.

— Qu'est-ce que tu me chantes ! de la comtesse Grimani, reprit le Tintoret commençant à

peindre, et sans regarder sa fille, la comtesse
Grimani est au lit à l'heure qu'il est; chante-
moi une autre chanson, je t'en prie, Marietta,
et sans te faire prier plus long-temps, mon enfant.—C'est que je suis un peu enrouée ce
matin, dit la jeune fille, presque les larmes
aux yeux.—Alors, c'est différent, Marietta....
c'est différent; et comme Marietta, respirant à
ces mots, se dirigeait déjà vers la porte pour
se retirer, son père l'arrêta en ajoutant : Alors
vas toujours chercher ta mandoline, et joue
si tu ne veux pas chanter.

Je vous en conjure, mon père, dit Marietta
prenant, comme on dit, son courage à deux
mains, ne me faites pas faire de la musique ce
matin, je n'en ai pas le temps.

—Et qu'as-tu donc autre chose à faire qu'à
contenter ton père? répliqua le Tintoret, dont
le front se plissait déjà;—quelle autre occupa-
tion t'appelle ailleurs? quand mon désir, à
moi, est que tu restes ici.—Sous prétexte que
votre santé est faible, délicate, on vous passe
tout dans la maison , on vous laisse faire toutes
vos volontés, on vous gâte enfin, et il est temps
que cela finisse. Qu'allez-vous faire dans votre

a m bre ? vous regarder au miroir ! vous attif-
fer , lisser vos cheveux noirs , essayer un cor-
sage nouveau , ou vous mettre à la croisée pour
regarder les gondoles filer sur le canal ? Je sais
bien qu'on vous entend toujours répéter :— *Je*
fais le portrait de la comtesse Grimani , je vais
au palais Grimani , je reviens du palais Gri-
mani. Je voudrais bien voir ce portrait de la
princesse Grimani , quelle belle croûte , quel
beau *pastici* ça doit être !

—Mais mon père , est-ce qu'une femme ne
peut pas peindre tout aussi bien qu'un homme!
—Non signora l'impertinente , non ! est-ce
qu'une femme peut étudier l'anatomie ? Est-ce
qu'elle pourra prendre un mort , le découper ,
compter chacun de ses muscles...Est-ce qu'elle
osera le regarder en face seulement ? — Mais
elle peut se borner au portrait...fit-elle observer
timidement.

—Mais si...mais car...ces petites filles , Dieu
me pardonne, ont toujours un tas de mauvaises
raisons en réserve pour faire enrager le monde.
Vous n'êtes pas ici plus princesse que moi , signora , plus duchesse que votre frère , qui travaille comme un homme de peine ; je le parie,

depuis que le jour est levé. Vous êtes une petite
bourgeoise descendant de bons et braves tein-
turiers, et s'il y a un peintre dans la famille,
comme dit ma chère mère, ça ne sort pas de
la couleur...Par ainsi allez chercher votre mandoline, si vous ne pouvez chanter, jouez du
moins, signora, jouez, ne m'échauffez pas la bile.

Il n'y avait pas moyen de faire une observation. Marietta alla décrocher sa mandoline
suspendue à la muraille, et s'asseyant sur un
tabouret derrière son père, elle se mit à pré-
luder. Mais son esprit était ailleurs, son imagination trottait du tableau de son frère, à son
portrait ; elle voyait le père Ambrosio revenir, et d'un mot, dévoiler à son père la
conduite dissipée de son fils : elle entendait
les reproches que la comtesse Grimani lui
adressait sur sa négligence, et ses larmes
qu'elle ne songeait pas à retenir, coulaient sur
ses mains, et ses mains qui se promenaient
au hasard sur l'instrument, n'en tiraient que
des sons vagues, obscurs, sans suite, et tels que
la plus mauvaise écolière les désavouerait. Mais
que devint-elle, bon Dieu, lorsque, tout-à-
coup, elle vit son instrument voler en éclats loin

d'elle, et la même main qui avait brisé la mandoline, la prendre par les épaules, la pousser brusquement hors de l'atelier, la conduire de là jusque dans sa chambre, la jeter presque sur le premier meuble venu, et puis tout disparut; elle entendit la clé se tourner à deux fois dans la serrure. Pas un mot n'avait été prononcé entre elle et son père; la pauvre enfant s'était trouvée renfermée avant d'avoir vu seulement l'orage s'élever sur le front paternel : ce ne fut que lorsque la voix de son père lui cria à travers la porte : « Je vous défends de sortir de là de huit jours » qu'elle comprit tout son malheur.

Laissons-la pleurer et réfléchir aux moyens de prévenir ce qu'elle redoutait, et retournons auprès du Tintoret.

VI.

UNE LETTRE AU CACHET ROYAL.

—

Jacques Robusti s'était remis à l'ouvrage. D'abord il eut de la peine à tenir son pinceau;

15

la main qui venait de châtier sa fille était encore toute émue, mais peu à peu elle se rassura, et lorsque sa mère entra chez lui, il avait presque oublié sa colère, et le motif de sa colère.

—Voici une lettre qu'un courrier, à cheval, tout galonné, vient d'apporter pour vous, mon fils, dit la signora Robusta, en posant sur le bord du chevalet de son fils, un papier plié en quatre et scellé par un ruban vert auquel pendait un cachet en cire verte. Puis, voyant que son fils ne lui répondait pas, ne regardait pas même la lettre, elle ajouta :—Voulez-vous que j'appelle Marietta pour la lire? - Marietta?—Marietta! répéta le Tintoret, à qui ce nom remit la colère en tête, je vous prie, ma mère, de laisser Marietta en repos.—Comme vous dites cela, Jacques, on dirait que vous lui en voulez, à cette chère enfant..., à cette douce et sage créature.

—Cette chère enfant, cette douce et sage créature, répéta Jacques sur le même ton que sa mère, est une petite entêtée, une impertinente que j'ai renfermée à clé dans sa chambre, et à laquelle j'ai défendu de se présenter, de huit jours au moins, devant mes yeux.

—Vous l'avez renfermée… ! s'écria la vieille teinturière ne pouvant pas croire ce qu'elle entendait,…vous l'avez renfermée, elle….Marietta ?—Elle, Marietta…je n'aurais peut-être pas osé, répliqua Jacques en s'animant. La bonne vieille grand'mère l'écoutait de l'air de quelqu'un qui rêve éveillé.

—Jacques, dit-elle en s'approchant de lui, vous reviendrez sur votre décision, vous pardonnerez à ma petite fille, je ne vous demande pas ce qu'elle a fait, elle a mal fait puisqu'elle vous a déplu, vous lui pardonnerez, n'est-ce pas ? Pour éviter de répondre à sa mère, dont les plaintes lui touchaient plus le cœur qu'il ne voulait en avoir l'air, Jacques Robusti se mit à décacheter la lettre, et commença par regarder la signature.

—C'est de Ferdinand II, roi d'Espagne, dit-il, et ne faisant que parcourir sans lire, il ajouta : —Il parle d'un portrait, fait par Dominique, sans doute, il dit ma fille, mais il se trompe, et il appelle l'auteur de ce portrait à sa cour ; il veut se faire peindre par lui : quel honneur !…J'en suis tout ravi de joie. Ma mère, appelez Dominique, je vous prie. Dominique ! Dominique ! cria-t-il

lui-même d'une voix forte.—Le pauvre garçon
est renfermé dans son atelier, et tellement
absorbé par sa composition qu'il ne m'entend
seulement pas : Dominique! Dominique!

La porte de l'atelier s'ouvrit en ce moment,
et la signora Robusta qui voulait sortir, se trouva
en face du père Ambrosio.

VII.

ENCORE LE PÈRE AMBROSIO.

—

—Pardon, je me suis trompé d'atelier, dit le
père Ambrosio en faisant la mine de vouloir se
retirer.—Cela ne fait rien, père Ambrosio,
donnez-vous la peine d'entrer, dit le signor
Robusti au chanoine, et si c'est à Dominique
que vous voulez parler, ma mère va le prier de
passer chez moi, car moi aussi j'ai quelque chose
à lui dire.—La teinturière ayant entendu ces

paroles, offrit un siége au père Ambrosio qui s'assit, puis elle se retira.

—Quel beau tableau, signor Robusti, dit le chanoine, parlant en vrai connaisseur : combien ce parc est vaste et aéré! ces oiseaux rares et ces lapins sont étudiés et finis avec le soin le plus exquis, et cette draperie qui s'échappe des bras de la Suzanne, est admirable.

—Eh bien! non, je ne suis pas de votre avis, mon père, dit la vieille teinturière en rentrant, cette draperie n'est pas bien.—Et qui trouvez-vous de mal? ma mère, demanda le Tintoret avec l'assurance riante de la supériorité de son talent.—D'abord elle est faux teint...ah! il ne faut pas rire, Jacques, et hocher la tête; je me connais un peu en teinture, répliqua la teinturière gravement, et je te réponds que si ta Suzanne fait blanchir sa draperie, ou que si elle en laisse seulement tremper un coin dans l'eau, l'étoffe déteindra, et l'eau deviendra sale....., veux-tu parier?...Essuie!...

—En teinture, je ne dis pas, ma bonne mère, dit le père Ambrosio, mais en peinture, c'est différent.—Encore un qui ne veut pas comprendre que tout ça c'est de la couleur! répliqua

la teinturière avec impatience.—Le teint de cette
draperie est peut-être faux, dit Jacques en réfléchissant, ma mère pourrait avoir raison.

—A la fin tu donnes raison à ta mère!...c'est
bien heureux! Jacques, dit la vieille femme avec
satisfaction. Certes! il y a long-temps que je le
sais, moi, que la peinture, ça n'est que de la
teinture plus délicatement employée.

— Et Dominique? demanda le Tintoret.—Le
voici, dit le père Ambrosio en voyant le jeune
homme paraître dans l'atelier.

A la manière dont il entra, il était aisé de
deviner qu'il venait de s'arracher au sommeil;
ses yeux gonflés, sa mine défaite, attestaient
une nuit agitée: il avait encore l'air tout endormi; mais la vue du père Ambrosio, froid et
sévère, le réveilla complétement: il s'avança
vers lui, d'une façon presque suppliante.

— Je viens voir si le tableau est prêt, signor
Dominique, dit le chanoine; nous sommes au
vingt août, et d'après nos conventions, vous
savez que ce tableau devait être en place pour
la fête de la Vierge Marie qui est passée depuis
cinq jours.—Je vous assure, mon père...je vous
assure...balbutia Dominique évidemment em-

barrassé — que lorsque l'on promet il faut tenir, signor, répliqua le chanoine d'un ton dur; du reste je vous rends votre parole, signor, gardez votre tableau et rendez-moi mes avances.

—Quelles avances? demanda Jacques.

—J'ai payé le tableau, il y a déjà long-temps, dit le père Ambrosio.

Dominique, Dominique !.... Tu t'es fait payer un tableau d'avance, s'écria le Tintoret avec indignation. C'est sans doute pour donner à sa sœur pour le ménage, répartit la bonne grand'mère, toujours prête à défendre ses petits enfants. Tu ne donnes pas toi, Jacques, il faut bien que la maison aille, cependant.—Dominique baissa la tête sans répondre.—Du reste, mon père, dit le Tintoret un peu ému du reproche de sa mère, je vous prie d'excuser mon fils, en considération de la lettre qu'il vient de recevoir du roi d'Espagne, Philippe II.—Tiens! lie, Dominique, car c'était pour cela que je t'avais fait appeler.

Dominique prit la lettre que son père lui présenta, mais à peine eut-il jeté les yeux sur son contenu, qu'il s'écria:—Ce n'est pas pour moi, mon père, c'est pour Marietta.

—Erreur, mon fils, erreur, dit Jacques Robusti...Il est question, je crois, du portrait
d'un grand d'Espagne...et ta sœur barbouille,
elle tripote la peinture, mais elle ne peint pas.
Je n'ai rien vu d'elle, c'est une paresseuse,
une bonne à rien, à qui j'ai fait apprendre la
musique et qui n'en sait pas une note.—Ma
sœur! dit Dominique étonné.—Oui, ta sœur:
pas plus tard que tout-à-l'heure, je l'avais priée
de venir me chanter un petit air, pour me récréer.
La signora, fâchée sans doute, de s'être levée
trop matin, voulait aller se recoucher; je ne
saurais te dire toutes les mauvaises raisons
qu'elle a inventées pour se dispenser de me rendre ce petit service. Enfin, obligée par moi de
prendre sa mandoline, elle s'est mise à pleurer
de dépit.

—Pauvre Marietta! dit Dominique ému.

—Ta pauvre Marietta! est renfermée à clé dans
sa chambre, pour huit jours, dit Jacques Robusti tranquillement.

—Renfermée!..s'écria Dominique hors de lui;
vous avez grondé ma sœur! vous l'avez punie!
elle ne vous a pas dit que c'était pour moi, pour
mon travail, pour réparer le temps que je perds

de côtés et d'autres, que la pauvre enfant se
lève avant le jour, qu'elle néglige sa musique
et que, non contente de son ouvrage, comme
ni vous, ni moi, mon père, ajouta-il humble-
ment, nous ne portons d'argent au logis, c'est
encore elle qui en gagne à faire des portraits.
— Oui, mon père, la lettre du roi est pour Marietta, n'en doutez plus.

— Ma fille, ma fille ! dit le Tintoret ému... et
moi qui l'ai grondée ! oh ! allons, allons vîte la
consoler. Pauvre Marietta... Vous permettez,
mon père ? ajouta le Tintoret en passant devant
le chanoine pour s'élancer hors de l'atelier.—
Il fut suivi par tous les assistants,—mais que
devinrent-ils, tous, lorsqu'en approchant de la
chambre de la jeune fille, ils virent les deux
battants de la porte ouverts, et personne dans
l'intérieur.

VIII.

CONCLUSION.

La société était restée saisie d'étonnement
sur le seuil de cette chambre déserte. — Mon
Dieu ! dit la vieille grand'mère fondant en
larmes, où peut être mon enfant ? Et comme
lorsque l'on a beaucoup de chagrin et peu de
raison, on s'en prend à tout le monde, la signora Robusta s'était mise à gronder son fils
sur sa sévérité, à gronder Dominique sur sa
paresse, à gronder le père Ambrosio sur son
silence; mais soudain Dominique s'écria en se
frappant le front : — Je sais où elle est ! Et
soudain il se dirigea vers son atelier. S'approchant avec précaution de la porte, il colla son
œil à la serrure, et, faisant signe à chacun de
garder le silence, il dit avec joie : — Elle est-là !

Alors chacun à son tour posa son œil sur la serrure, et quand vint le tour de Jacques, il s'écria avec l'orgueil du père et de l'artiste :—Ma fille un pinceau à la main ! Oh ! mon Dieu ! je te remercie...et poussant la porte, il se précipita dans l'atelier.

A la vue de son père et de ceux qui le suivaient, Marietta se leva effrayée, puis tombant à genoux et craignant d'avoir irrité son père en quittant sa prison, elle s'écria :— Pardon, pardon, mon père.

—C'est à moi de te demander grâce, dit le Tintoret à son tour en relevant sa fille, et la serrant avec transport dans ses bras :— Grâce pour avoir méconnu un ange comme toi !— Et soudain, comme le tableau auquel travaillait Marietta, s'offrit tout-à-coup à ses regards, il ajouta :—Quel coloris, quel ton, quel fini ! Qui a peint ce tableau ? divin fils de Marie ! —Mon frère !— Ma sœur !—crièrent à la fois et le frère et la sœur. —C'est toi qui as deviné l'expression de la vierge, ma sœur !—c'est toi qui as dessiné cette tête, mon frère ! c'est toi qui peins ces anges, Marietta !—c'est toi qui les avais ébauchés, Dominique !

Ah ! ne me vantes pas à tes dépens , Marietta, dit Dominique , prenant les mains de sa sœur avec émotion ; ta grandeur d'âme de cé matin me fait rentrer en moi-même. D'un mot tu pouvais te défendre et tu ne l'as pas dit !

—Ne me fais pas meilleure que je ne le suis , Dominique ; répondit Marietta en souriant doucement, car ce mot...lorsque j'ai vu mon père courroucé contre moi , j'ai été au moment de le dire. Mais j'ai réfléchi que ce courroux qui grondait sur ma tête, serait peut-être plus terrible en passant sur la tienne...et je me suis tue.

—Vous êtes deux aimables enfants , dit le père Ambrosio avec émotion , et , en faveur de votre sœur et de votre franchise, Dominique, j'attendrai la fin du tableau et vous remettrai encore une somme après.

—Mais tu es un grand peintre, Marietta, dit le Tintoret qui ne pouvait détacher ses yeux de dessus le tableau.

— Ah ! elle est mieux que grand peintre s'écria la vieille grand'maman pleurant à chaudes larmes, elle est bonne fille, elle est bonne sœur, elle est bonne chrétienne... Quant à être peintre, cela ne pouvait pas lui manquer, elle est née comme moi au milieu des couleurs.

L'explication qui suivit ces paroles fut aussi douce que la surprise qui les avaient excitées. Le Tintoret voulait que sa fille se distinguât dans la peinture historique , mais les études à faire pour cela répugnaient à la modestie de son sexe, elle s'adonna tout-à-fait au portrait, et sous la direction de son père , devint bientôt habile dans la double science du dessin et du coloris. Elle fit même de tels progrès que de son temps on mettait ses ouvrages presque au niveau de ceux du Titien. Toute la noblesse de Venise voulut avoir son portrait peint par elle, et non seulement le roi d'Espagne, Philippe II , lui fit des propositions pour l'attirer à sa cour , mais l'empereur Maximilien et l'archiduc Ferdinand lui firent, dans le même but , les offres les plus avantageuses. La tendresse de Marietta pour son père , lui fit rejeter toutes ces propositions. Hélas ! la faiblesse de sa constitution l'emporta jeune : elle mourut à trente ans, en 1590, et fut inhumée dans le couvent de Santa Maria d'ell'Orta , qu'elle avait illustré par ses chefs-d'œuvre.

FIN.

Orléans.—Imp. et Lib. de Durand, rue des Carmes, 60.

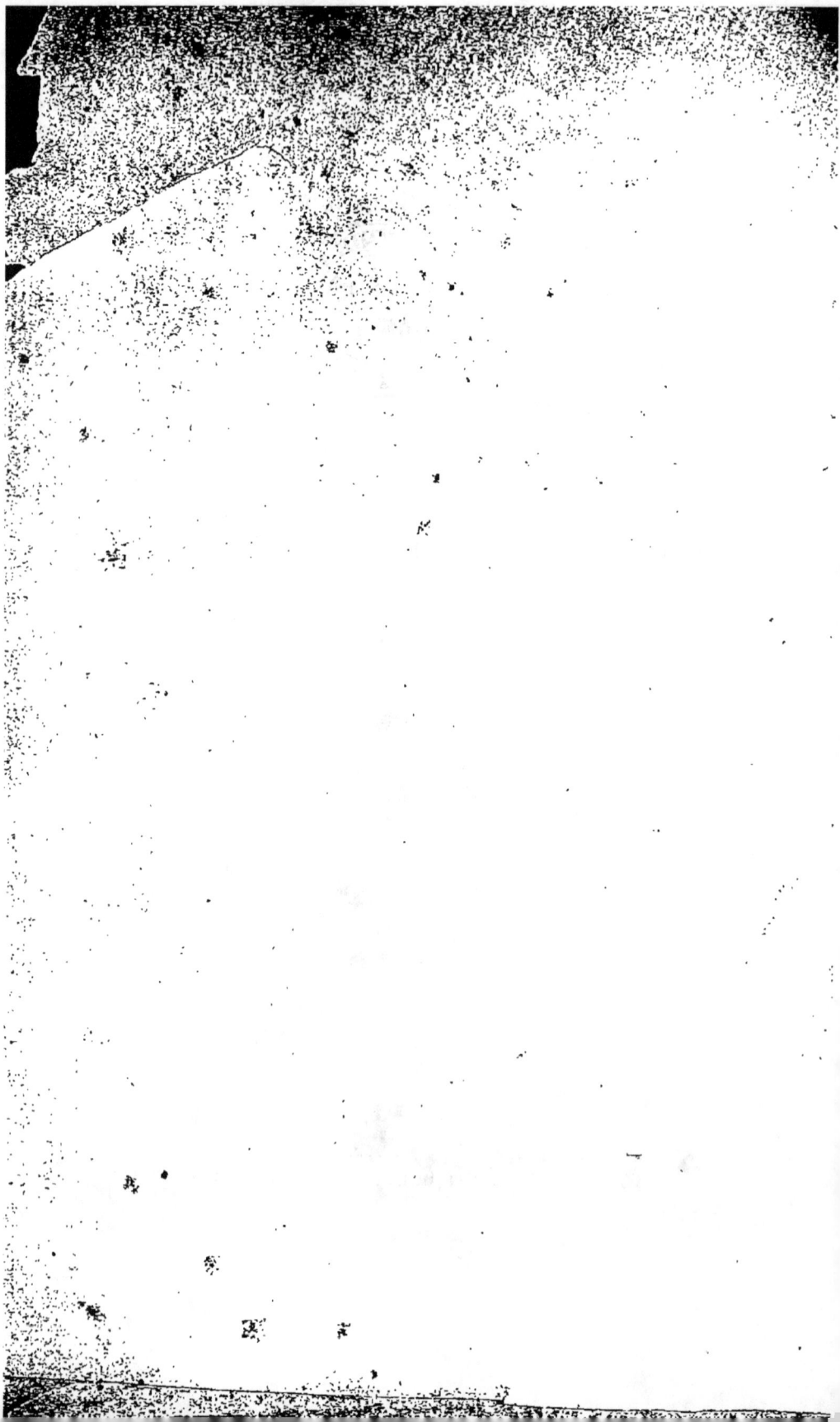

CONDITIONS DE LA SOUSCRIPTION

Chaque volume des *Contes Historiques* contiendra environ 14 feuilles et 4 vignettes gravées sur acier, et formera un ouvrage complet, indépendant des volumes qui le précéderont ou le suivront. Les volumes paraissent par livraisons de 2 feuilles; les 1re, 3e, 5e et 7e livraisons de chaque volume ont une gravure. Le prix de chaque livraison est de 50 cent.

A l'étranger, on ne peut souscrire que par volume; les souscripteurs pourront néanmoins retirer leurs volumes par livraisons. Pour l'Allemagne, le prix de chaque volume est de 1 thaler de Prusse.

ON SOUSCRIT:

A Paris, chez DESFORGES et Comp., rue du Pont-de-Lodi, 8

A Leipzig, chez J.-J. WEBER;

A Amsterdam, chez F. CANONGETTE et Comp.

A Bruxelles, chez C. Muquardt.

Typographie de Lacrampe et Ce, rue Damiette, 2

www.ingramcontent.com/pod-product-compliance
Lightning Source LLC
Chambersburg PA
CBHW061119220326
41599CB00024B/4095